예루살렘

순례자의 도시

차례
Contents

아! 예루살렘

황금의 도시 예루살렘! 영원한 도시 예루살렘! 그리고 평화의 도시 예루살렘! 그 이름 앞에는 '아!'라는 감탄사를 붙여야 제격이다. 예루살렘은 이스라엘의 다윗 왕이 수도로 정한 이래 오늘까지 꼭 3,000년의 역사를 간직한 채 아직도 살아 숨쉬고 있는 도시이다. 언뜻 보아 보잘것없어 보이는 유다 광야 불모의 언덕에 세워진 이 도시 때문에, 지구상의 얼마나 많은 사람들이 울고 웃었는가. 또, 얼마나 많은 사람들의 삶이 뒤바뀌었는가. 얼마나 많은 이들이 이 도시를 찾으러 얼마나 먼 길을 달려오고 있단 말인가.

사실 지구상에는 예루살렘보다 더 오랜 역사와 더 극적인 사건들을 간직하고 있는 도시들이 얼마든지 있다. 수메르의 우르, 히타이트의 하투사스, 이집트의 테베 그리고 바빌로니아의 바빌론 등이 그들이다. 그들은 한때 역사의 중심 무대에서 가장 위대하고 놀라운 역할을 담당했다. 그리고 상상하기조차 어려운 찬란한 문화유산을 남겼다. 그러나 지금은 모두 죽음의 도시, 박제된 박물관에 불과하다. 모두 역사의 무대에서 사라졌다.

예루살렘은 비록 로마처럼 웅장하거나 파리처럼 화려하지는 않다 하더라도, 할아버지와 아버지 그리고 손자에 이르기까지 모두에게 사랑받는 도시이다. 그것은 군사적인 힘이나 정치, 경제적 힘보다 더 큰 '영적인 힘'을 가지고 있기 때문이리라. 예루살렘은 수많은 역경 속에서도, 여러 차례 주인이 바뀌었어도 하나의 신앙만을 고집하고 살아온 이들이 지켜온 도시이다.

유대인들은 이 도시를 '평화의 도시'라 이름지었다. 그들은 수많은 전쟁과 박해, 수난과 떠돌이 생활 속에서 이 도시를 그리워했다. 억압 속에서 가장 소중한 것은 자유이듯이, 전쟁과 망명 생활 속에서 가장 고결한 것은 평화였던 것일까? 예루살렘은 전쟁과 슬픔, 사랑과 증오, 절망과 희망, 영광과 오욕, 상실과 울부짖음, 고통과 후회가 교차된 살아 있는 역사의 박물관이다.

동시에 예루살렘은 유대교뿐만 아니라 인류 3대 유일신 종교인 기독교와 이슬람의 중심지이기도 하다. 전세계 인구의 약 절반 가량인 30억 명이나 되는 사람들이 예루살렘을 자신들의 신앙적 고향으로 여기고 있다. 검은 모자와 검은 두루마기 차림에 검은 긴 수염을 달고 거리를 활보하는 정통파 유대인들, 다양한 모습의 기독교 종파의 수도사들, 하얀 통치마 같은 옷을 입고 머리에 터번을 두른 무슬림들이 교차하는 곳이다. 유대인의 안식일(토요일)이 되면 거리에는 자동차가 다니지 않으며, 오래된 교회의 종탑에서 은은하게 울려퍼지는 종소리와 하루 다섯 번씩 기도하는 이슬람 사원의 확성기에서 들려오는 아잔(기도)소리가 묘한 불협화음을 이루며 도시 위를 덮곤 한다.

예루살렘은 지금 인구 70만 명이 사는 대도시이다. 만나는 사람마다 서로 다른 모습으로 거리를 활보하며, 모두가 서로 다른 신앙과 색깔로 제각각 분주한 삶을 살아간다. 때때로 욕심과 만용으로, 배타적 감정과 보복의 법칙에 따라 죽고 죽이는 피흘림이 자행되는 곳이다. 언제 어디서 보복과 폭력이 발생할지 아무도 모른다. 그러나 그렇게도 대조적인 삶의 모습 속에서도 이들은 한결같이 예루살렘을, 예루살렘의 긴 호흡과 요동치는 고동소리를 사랑하며 살아간다. 이런 예루살렘에 싫증을 느끼는 사람은 분명 자기 인생에 염증을 느낀 사람일 것이다.

유대인의 예루살렘

산이 예루살렘을 감싸고 있듯이
주께서도 당신의 백성을 지금부터 영원토록 감싸주신다.

(「시편」 125편 2절)

최초의 주인

예루살렘의 첫 번째 순례자는 아브라함이 아니었다. 이스라엘의 조상이라 일컬어지는 메소포타미아 출신의 그가 가나안 땅에 이주해오기 전부터 (마치 청교도들이 아메리카 대륙에 들어오기 훨씬 이전부터 그곳에 원주민들이 머물러 살았듯이) 예루살렘에는 살렘 왕 멜기세덱이 이끄는 원주민들이 살고 있었다

(「창세기」 14 : 18). '살렘'은 예루살렘의 본래 이름이었다. '살렘'은 '평화'라는 뜻이며, 예루살렘은 '평화의 도시'라는 의미를 가지고 있다.

예루살렘이 이스라엘의 수도로 정해진 것은 다윗 왕 때였다. 이집트에서 종살이를 하던 히브리인들이 출애굽하여 가나안 땅에 정착한 이후 수백 년이나 지난 뒤였다. 가나안 정착 이후 느슨한 지파 동맹체제를 유지해오던 이들은 주변 국가들의 침략을 받으면서 보다 강력한 왕정체제를 갖춘 국가를 필요로 했다(「사무엘상」 8 : 4-22). 그 결과 다윗이 이끄는 통일 왕국을 이룩한 것이다. 다윗의 수도는 본래 헤브론이었다. 그러나 그가 남북을 통일하면서 남쪽에 치우쳐 있던 수도를 북쪽으로 옮겼고, 이때 예루살렘을 수도로 삼은 것이다(「사무엘하」 5 : 4-5). 이것은 지금으로부터 꼭 3,000년 전의 일이다.

다윗시대의 예루살렘은 여부스 사람의 도시였다(「사사기」 19 : 10b 참조). 이 성곽도시는 매우 견고했다. 다윗이 부하들을 거느리고 예루살렘에 가서, 그 땅에 사는 여부스 사람을 치려고 하자, 그들은 다윗을 향해 이렇게 조롱했다. "너는 여기에 들어올 수 없다. 눈먼 사람이나 다리 저는 사람도 너쯤은 물리칠 수 있다(「사무엘하」 5 : 6)." 그런데 다윗은 도시의 비밀을 잘 알고 있었다. 비밀의 열쇠는 바로 키드론 골짜기의 샘물을 성 안으로 끌어들이기 위해 파놓은 수로(水路)였다. 그는 수로를 타고 도시 안으로 쳐들어간 것이다. 히브리 성서는 "물을 길어올리는 바위벽을 타고 올라가서" 도시를 점령했다

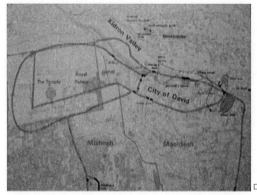

다윗 성(城).

고 기록하고 있다(「사무엘하」 5 : 8). 그리고 이 도시를 '다윗
성(The City of David)'이라 불렀다(「사무엘하」 5 : 7, 9).

다윗과 솔로몬의 수도

해발 약 800m에 있는 예루살렘은 명당(明堂)이다. 동쪽으
로는 키드론 골짜기가, 서쪽부터 남쪽까지는 힌놈 골짜기가
천연의 해자(垓子)를 이루며 성을 보호하고 있다. 다윗 성은
두 골짜기 사이에 형성된 중앙 골짜기(Tyropoeon Valley)와 키
드론 골짜기 사이에 자리잡고 있다. 북쪽이 취약하나 높은 성
벽을 쌓아 이를 보완했다. 유대 산지의 여러 도시들처럼 예루
살렘에는 샘이 있었다. 키드론 골짜기에서 솟아나는 기혼 샘
이 그것인데, 물을 성 안으로 끌어들이기 위해 수로를 팠다.
이 수로는 다윗이 도시를 점령하기 이전에 만들어졌다.

다윗 성에는 약 2,000~2,500여 명이 살았다. 다윗은 성벽을 수축하고 왕궁과 거주지를 새로 지었다. 그리고 제의를 행하는 사제들과 성전 관리들을 임명했다. 후기 청동기시대를 살던 다윗에게는 아직 훌륭한 건축물을 스스로 짓기에 필요한 기술과 자재가 없었다. 그래서 주로 페니키아(레바논)에서 백향목(柏香木)과 목수(木手)와 석수(石手)를 수입해다 지었다(「사무엘하」 5 : 11-12). 자연스레 외국의 선진 기술자들과 상인들이 왕래했다. 다윗은 자신이 세운 예루살렘을 이렇게 노래했다.

예루살렘아, 너는 모든 것이 치밀하게 갖추어진 성읍처럼, 잘도 세워졌구나.……예루살렘에 평화가 깃들도록 기도하여라. '예루살렘아, 너를 사랑하는 사람들에게 평화가 있기를, 네 성벽 안에 평화가 깃들기를, 네 궁궐 안에 평화가 깃들기를 빈다' 하여라. 네 친척과 이웃에게도 '평화가 너에게 깃들기를 빈다' 하고 축복하겠다. 주 우리 하나님의 집에 복이 깃들기를 빈다(「시편」 122편).

정치적 수도인 예루살렘이 점차 종교적 의미를 갖기 시작한 것은 블레셋에게 오래전에 빼앗겼던 법궤―시내 산에서 신으로부터 받은 모세법이 새겨진 두 돌판이 들어 있는 성물(聖物)―를 찾아 예루살렘으로 옮겨오면서부터이다. 백성들은 환호성을 질렀다. 온갖 악기를 동원해 연주하고, 힘을 다하여 춤을 추며, 성대한 축제를 벌였다. 다윗 자신도 엉덩이의 맨살이 드러나는지도 모를 만큼 기뻐 춤을 추었다(「사무엘하」 6장).

거룩한 도시

그러나 예루살렘의 빛나는 광채는 다윗의 작품이 아니었다. 결정적으로 예루살렘이 '거룩한 도시'로 자리잡은 것은 그의 아들 솔로몬(그의 이름 역시 '평화'라는 뜻이며, 태평성대를 누렸다) 때였다. 솔로몬은 부왕이 마련해준 땅에 성전(聖殿)을 지었다. 이곳은 아브라함이 이삭을 신께 바쳤다고 전해지는 모리아 산과 동일시된 곳이었다(「역대하」 3 : 1). 기술과 자재는 역시 페니키아에서 들여왔다(「열왕기상」 5-6장). 성전을 비롯하여 '레바논 수풀 궁'이라 이름 붙은 화려한 왕궁과 기타 필요한 건축물 그리고 성전에 필요한 각종 기구를 금은으로 주조하는 데 드는 비용은 갈릴리 지역의 영토 일부를 매각하는 방식으로 충당했다. 필요한 노동력은 백성들의 강제 부역(負役)으로 이루어졌다(「열왕기상」 9 : 10-15). 솔로몬은 언약궤를 다윗 성에서 성전으로 옮겨 안치하고 성대한 봉헌식을 올렸다.

그러나 그렇게도 아름다웠던 예루살렘에도 이끼가 끼기 시작했다. 솔로몬은 신 대신 군사력에 의존했으며, 많은 외국 여자를 후궁으로 맞아들였다. 또한 그 여자들과 함께 들어온 여러 이방신들을 섬겼다(「열왕기상」 10 : 27; 11 : 1-8). 이는 나라의 초석이 되는 모세법을 정면으로 위반한 것이었다(「신명기」 17 : 14-20).

깨진 수도의 영광

기원전 930년경 솔로몬이 죽자, 왕국은 남북으로 분열했다.

넓은 영토와 대부분의 국민은 사마리아를 수도로 한 북이스라엘에 속하게 되었으며, 예루살렘은 작은 남왕국의 수도로 남아야 했다. 몇몇 왕들을 제외하고는 유다의 역대 왕들은 여전히 타락했다. 타락한 왕들을 향해 예언자들의 규탄과 비판이 가해졌다. 예언자들은 뇌물을 받고 내리는 굽은 판결을 고발하고, 빈부의 격차로 인한 영세민들의 고통을 대변했다. 그들은 특히 이방신을 섬기는 일에 민감했다. 예루살렘 거리는 이제 예언자들의 활동무대가 되었다.

기원전 721년 급기야 아시리아가 사마리아를 점령하였다. 북이스라엘로부터 많은 난민이 발생하여 예루살렘을 비롯한 남유다의 도시에는 인구가 급증했다. 이때 남유다의 히스기야 왕은 예루살렘을 크게 확장했다. 그는 저수지를 만들고 수로를 파서 도성 안으로 물을 끌어들였다(「이사야」 22 : 10; 「열왕기하」 20 : 20). 기혼 샘에서 실로암 저수지까지 연결하는 533m나 되는 S자 모양의 히스기야 터널 공사였다. 19세기 고고학은 그 공사가 어떻게 진행되었는지에 관해 설명하고 있는 실로암 비문을 발견하여 그 비밀을 밝혀주었다.

각각 상대 쪽을 향하여 도끼로 (구멍을 뚫으며) 일했다. 약 3큐빗쯤 남았을 때, 상대방을 부르는 남자의 목소리를 들었다. 오른쪽에 갈라진 틈이 생겼기 때문이다.……구멍을 뚫던 어느 날, 작업자들이 구멍을 깨고 상대 쪽의 작업자와 만났다. 도끼가 상대 쪽 작업자의 도끼와 마주쳤다. 그때

1,200큐빗이나 되는 물이 (실로암) 저수지 쪽으로 흘러들어
왔다. 뚫린 바위의 높이는 100큐빗쯤 되었다.

아시리아 군대가 유다의 남쪽 도시 라기스까지 침공하자
유다 왕 히스기야는 쩔쩔매며 어쩔 줄을 몰랐다. 뇌물을 주고
전쟁을 막으려 했으나 결국 아시리아 군대는 예루살렘에 쳐들
어와 성을 포위했다. 그때 예언자 이사야가 왕에게 용기를 주
었다. 왕은 적군이 물을 얻지 못하도록 모든 샘과 물줄기를 막
았다. 무너진 성벽을 다시 쌓고 망대를 높였으며, 창과 방패도
많이 만들었다. 그리고 군대 지휘관과 병사들에게 '굳세고 담
대하여'라고 격려했다(「역대하」 32 : 1-8). 그날 아시리아의 군
대는 극적으로 패퇴(敗退)했다(「열왕기하」 19 : 35).

개혁의 노력은 수포로 돌아가고

멸망의 위기는 모면했으나 한 번 잘못된 예루살렘은 다시
돌아오기 어려웠다. 히스기야의 아들 므낫세는 이방인들의 역
겨운 풍속을 따랐다. 바알을 섬기는 신당을 쌓고 아세라 목상
도 만들었다. 급기야 예루살렘 성전 안에도 이방신을 섬기는
제단을 만들었다. 자기의 아들들을 불살라 바치고, 점쟁이를
불러 점을 치게 했다. 마술사를 시켜 마법을 부리게도 하고, 악
령과 귀신을 불러내어 물어보기도 했다(「열왕기하」 21 : 2-6).

여덟 살에 왕이 된 요시야는 조상 다윗의 모든 길을 본받아
곁길로 빠지지 않았다(「열왕기하」 22 : 1-2). 기원전 621년, 파

손된 성전을 수리하던 중 율법 책을 발견한 대제사장 힐기야가 왕 앞에서 책을 큰 소리로 읽었다. 율법 책의 말씀을 듣던 왕은 자기의 옷을 찢으며 참회했다(「열왕기하」 22장). 예루살렘의 모든 주민과 지도자를 성전에 모으고 율법 책을 크게 읽어 들려주었다. 그리고 온 마음과 목숨을 바쳐 계명과 법도와 율례를 지킬 것을 서약했다. 솔로몬 때부터 숭배하던 모든 우상들을 불태우고, 우상숭배자들을 내쫓았다. 지방의 산당(山堂)들도 모두 헐었다. 사사들이 이스라엘을 다스리던 시대로부터 이스라엘과 유다 왕들의 시대에 이르기까지, 어느 시대에도 지킨 일이 없던 유월절을 지켰다(「열왕기하」 23장).

기원전 6세기 말, 국제정세의 변화는 예루살렘에 크나큰 시련을 가져왔다. 스물한 살에 왕이 된 시드기야는 신흥제국으로 부상한 바빌로니아에 반기를 들면서 느부갓네살을 예루살렘에 불러들였다. 성은 포위되었다. 시드기야는 밤을 틈타서 왕의 정원 근처 두 성벽을 잇는 통로로 빠져나와 아라바(사막) 쪽으로 도망쳤다. 그러나 끝내 여리고 평원에서 사로잡히고 말았다. 왕 자신이 보는 앞에서 아들들이 처형되었다. 그들은 왕의 두 눈을 뺀 다음 쇠사슬에 묶어 바빌론으로 끌고갔다(「열왕기하」 25 : 1-7).

짓밟힌 처녀, 예루살렘

기원전 586년 바빌로니아 군대는 예루살렘의 성전과 왕궁과 모든 건물을 불태워버렸으며, 사면 성벽도 모두 헐어버렸다. 그리고 왕족과 제사장과 귀족들을 모두 포로로 잡아가고, 그 땅에서 가장 가난한 백성 가운데 일부를 남겨두어 포도원을 가꾸고 농사를 짓게 하였다. 성전의 값나가는 주요 기물들은 모두 전리품으로 가져갔다(「열왕기하」 25 : 8-17). 그리하여 처녀 예루살렘은 처절하게 짓밟히고 적막강산으로 변하고 말았다(「예레미야 애가」 1 : 1).

포로민이 된 백성들은 메소포타미아의 바빌론 강변 곳곳에 앉아서 시온을 기억하며 울었다(「시편」 137 : 1). 그들에게 예루살렘의 재건과 새 성전에 대한 새로운 환상을 불어넣은 것은 예언자들이었다(「에스겔」 40장). 고통은 잠시뿐, 때가 되면 먼지를 털고 다시 일어나 시온으로 돌아올 날을 직접 눈으로 볼 것이라고 희망을 불어넣었다(「이사야」 52장).

꿈을 꾸는 자의 소망은 반드시 이루어지는 걸까? 기원전 538년 바빌로니아를 깨뜨리고 새로운 주인이 된 페르시아의 고레스 왕은 포로로 잡혀간 유대 사람들을 본토로 돌려보내고, 희생제사를 드리던 바로 그곳에 성전을 다시 세우도록 허락했다(「에스라」 6 : 3). 반세기 만에 예루살렘으로 돌아오던 자들은 "주께서 시온에서 잡혀간 포로를 시온으로 돌려보내실 때에, 우리는 꿈을 꾸는 사람들 같았다(「시편」 126 : 1)"고 읊었다.

제2차 성전시대(기원전 515~기원후 70)

그러나 꿈같은 현실은 저절로 찾아오지 않았다. 예루살렘으로 돌아온 그들의 현실은 너무나 열악했다. 경제적인 궁핍은 여전했으며, 희박한 인구밀도는 재건사업을 지연시켰다. 흉작으로 양식이나 의복을 구하는 일조차 힘들었다(「학개」 1 : 6; 9-11장; 2 : 15-17). 그들을 더욱 힘들게 한 것은 반세기 동안의 급격한 사회 변동 과정에서 새로 부상한 토후세력과의 갈등이었다. 신흥세력들은 사사건건 귀향자들과 충돌했다. 헤게모니 싸움이었다. 성전을 재건하고 예전의 제의 공동체를 회복하려는 귀향자들의 계획은 벽에 부딪쳤다(「에스라」 4장). 여러 예언자들의 격려로 곤경을 뚫고 어렵게 성전을 재건, 봉헌한 것은 기원전 515년의 일이었다(「에스라」 6 : 15). 그러나 70년 만에 재건한 예루살렘은 예전 것만 같지 않았다.

성전재건 후 반세기가 다시 지나 예루살렘으로 돌아온 에스라와 느헤미야는 예루살렘의 형편이 새롭게 재건된 도시다운 면모를 찾아볼 수 없음을 알고 금식하며 슬퍼했을 정도였다. 예루살렘 성벽은 여전히 허물어져 있었고, 성문들은 불탄채였으며, 귀향자와 토착민 간의 갈등은 여전했다(「느헤미야」 1 : 1-4). 총독으로 부임한 느헤미야는 성벽을 다시 쌓는 공사를 시작했지만 반대자들의 항의는 거셌고 백성들은 냉랭했다.

그리스 문화의 미풍(微風)

다시 한 세기가 지나 또 다른 변화의 바람이 예루살렘을 휘감았다. 기원전 332년 그리스의 알렉산더가 팔레스타인을 정복하면서 헬레니즘이 부드러운 새 바람을 일으킨 것이다. 팔레스타인에는 그리스식 도시($\pi o \lambda \iota \varsigma$)가 건설되고, 극장과 목욕탕, 경기장과 각종 체육시설이 들어섰다. 시민들에게는 시민권($\pi o \lambda \acute{\iota} \tau \varepsilon \upsilon \mu \alpha$)이 부여되고, 원로원을 두어 소위 민주의회제도를 정착시켜나갔다. 시민들은 히브리어나 아람어(Aramaic)와 더불어 그리스어(Greek)를 이중 언어로 사용했으며, 유대인의 이름조차 그리스식으로 바뀌면서 이중 이름을 갖게 되었다. 히브리 성경은 그리스어로 번역되었다. 그리스 문학과 신화, 생활문화가 소개되면서 시민들의 의식주 등 생활양식은 물론 신앙과 철학 등 내적·외적 정신문화가 빠르게 바뀌어갔다. 예루살렘도 결코 예외가 아니었다.

기원전 175년, 에피파네스(신의 현현)라 불린 안티오쿠스 4세는 예루살렘에 제우스 신전을 짓고 올림피아의 제우스를 숭배하도록 명령했다. 그의 그리스 문화정책에는 유대인들이 돼지고기를 먹으며 안식일을 위반하고, 사내아이들은 할례를 하지 말고 각종 이방문화로 몸을 더럽히라(「마카비상」 1 : 44-50)는 명령이 포함되었다. 그의 정책은 예루살렘의 개방적인 헬라주의자들에게 협력과 지지를 얻었다. 하지만 고유한 율법전통과 관습을 중시하던 전통주의자들로부터는 심한 저항에 부딪쳤다. 급기야 기원전 167년 두 계층 간의 시민전쟁, 즉 마카비 전쟁으로 비화되기에 이르렀다.

전쟁은 3년 반 만에 유다 마카비가 이끄는 전통주의자들이 예루살렘을 탈환하고 전통적인 성전 제의를 회복해 급기야 하스모니안 왕조를 세우는 것으로 결말이 났다. 그러나 왕조의 정통성은 매우 취약했다. 그들은 다윗 왕가의 후손들이 아니었으며, 동시에 사독 가문의 제사장 출신도 아니었기 때문이었다. 유대사회는 여러 종파 간의 대립과 갈등으로 다시 혼란에 빠지고, 기원전 63년 급기야 로마의 폼페이가 예루살렘을 정복했다.

로마의 예루살렘 정복

유다는 로마의 봉신(封臣)국이 되었다. 예루살렘의 역사도 새로운 시대를 맞게 되었다. 헤롯의 통치와 로마의 총독시대, 유대 반란과 멸망으로 이어지며 숨막히는 한 세기를 지나야 했다. 먼저, 그리스-로마 문화의 대단한 찬미가인 헤롯 대왕의 등장과 함께 예루살렘은 가장 위대한 건축물의 도시로 명성을 얻었다. 극장과 체육관, 경기장과 화려한 법정 등 그리스-로마 도시가 기본적으로 갖추어야 할 건물은 물론 통치 기간 내내 헤롯은 거대한 성전과 왕궁, 도로와 아름다운 성문 등 당대 최고의 걸작품(magnum opus)을 세워나갔다.

그가 지은 예루살렘 성전은 46년 동안이나 지었으며(「요한복음」 2 : 20), 그 아름다움은 모르는 이가 없었다(「누가복음」 21 : 5). 1967년 6일 전쟁(수자원 분쟁으로 시작된 제3차 중동전쟁. 이스라엘은 이 전쟁을 통해 영토를 대거 확장했다) 이후 발굴된 유대 구역 내 귀족들의 화려한 거주지는 로마화한 헤롯시대 유대 귀족들의 생활양식을 그대로 보여주고 있다. 목욕탕과 응접실, 바닥의 모자이크와 기둥, 돌로 만든 테이블 등 전

헤롯시대의 성벽.

형적인 로마식 귀족의 집이었다. 그러나 2,000년 만에 처음으로 발굴된 이 지역의 대부분의 건축물은 70년 로마에 의해 파괴될 때 불탄 흔적을 (마치 어제 일어난 일처럼) 고스란히 간직하고 있었다. 66~70년 사이에 일어난 유대 반란은 예루살렘을 통제 불가능한 도시로 만들었고, 결과적으로 로마 티토의 군대는 예루살렘을 함락시켰다. 로마 군인들이 윗 도시(upper city)에 올라와 사람들을 죽이고 집을 약탈하고 방화했으며(『유대전쟁사』 6, 392-400), 성전과 성벽은 '돌 위에 돌 하나' 남김없이 무너졌다(「누가복음」 21 : 6). 이 일은 유대력으로 70년 아브월 제9일과 제10일에 일어났다. 유대 역사가 요세푸스는 이렇게 썼다.

이 도시의 유구한 역사도, 엄청난 부(富)도, 온 세계에 흩어진 사람들로부터 받아온 찬사와 비교할 수 없을 만큼의 종교적 영광도, 이 도시를 완벽한 파괴로부터 막아내기에는 충분한 것이 못 되었다(『유대전쟁사』 6, 442).

이제 예루살렘은 로마 도시가 되었다. 더 이상 유대인에게는 그 안에 발을 내딛는 것이 허락되지 않았다. 티토는 예루살렘 성전에 보관되어 있던 일곱 촛대(메노라)를 전리품으로 챙겨 로마로 가져갔다. (메노라를 옮겨가는 장면은 로마에 세워진 티토의 개선문 안쪽에 부조되어 오늘날까지 남아 있다.)

티토 아치의 메노라.

일부 예루살렘을 빠져나간 열심당원들은 사해 서쪽에 위치한 천연 요새 마사다로 퇴각하여 최후까지 저항하였다. 하지만 이 역시 비극적으로 막을 내리게 됨으로써 이스라엘의 역사는 종말을 고하고, 예루살렘은 새로운 주인을 맞게 되었다.

이름조차 빼앗긴 예루살렘

티토의 예루살렘 파괴 이후 도시는 로마 10군단의 주둔기지가 되었다. 하드리안 황제가 통치하던 132~135년에 일어난 두 번째 유대 반란, 즉 바르 코크바(Bar Kokhba) 반란은 또 한 번 예루살렘을 초토화시키고 말았다. 반란을 진압한 황제는 자기의 이름 'Publius Aelius Hadrianus'를 본떠 도시 이름을

하드리안 아치(132)와 다마스쿠스 문(1537).

'Colonia Aelia Capitolina'라 바꾸고, 새로운 식민지의 수호신 주피터 신전을 세웠다(Dio Cassius, *Roman History*, LXIX.12).

예루살렘은 로마식 도시로 바뀌어갔다. 남북을 연결하는 주 도로 카르도 막시무스(cardo maximus)와 동서로 뻗은 데쿠마누스(decumanus)가 도시의 기본 네트워크를 구성했다. 잘 포장된 도로 양편으로는 상가(商家)가 열렸다. 유대인의 성전이 있었 던 성전 산 위의 주피터 신전과 그가 쌓은 성문에서 이 시대 의 영광을 볼 수 있다. 현재까지 다마스쿠스 문 바로 밑에 남 아 있는 이때의 성문 기초석에는 도시의 이름 'COL(ONIA) AEL(IA) CAP(ITOLINA)'이 새겨져 있다. 비아 돌로로사(Via Dolorosa)의 에체 호모 아치(Ecce Homo Arch) 역시 이때 만들어 진 작품이다.

영국의 위임통치와 현대 이스라엘(1917~)

2,000년 만에 돌아온 예루살렘은 분명 예전 유대인의 도시
는 아니었다. 1896년 테오도르 헤르츨(T. Herzl)이 제창한 시
온주의(Zionism)가 새로운 물결을 일으키고, 1917년 영국의 밸
푸어 선언이 유대국가의 독립을 북돋우면서, 유대인 이민자들
의 파도가 팔레스타인으로 밀려들기 시작한 것은 영국의 위임
통치 기간(1917~1948)이었다. 400년간 이 땅을 통치하던 터키
가 제1차세계대전에서 패하고, 연합국의 합의에 따라 영국이
팔레스타인의 새 주인이 되었다.

유대인들은 2,000년간 인간의 발이 닿을 수 있는 곳이면 어
디든지 낙엽처럼 바람에 쓸려다니다가, 노예처럼 억압과 박해
를 받으며 살았다. 유대인들에게 있어서 예루살렘은 어머니의
자궁 같은 영혼의 안식처였다. 역설적으로 말해서 예루살렘이
없었다면 이들은 살아남지 못했을지도 모를 일이다. 1947년
UN의 결의로 유대국가가 탄생해 예루살렘을 수도로 선포했
다. 그러나 예루살렘의 구도시를 유대인이 차지하게 된 것은
1967년 6일 전쟁 때였다. 다윗이 여부스를 쫓아내고 이곳을
수도로 정했듯이, 무장한 이스라엘 군인들은 시가전을 거쳐
통곡의 벽을 점령했다.

전쟁은 항상 도시를 폐허로 만들지만 파괴자는 또한 언제
나 새로운 건설자였다. 6일 전쟁으로 폐허가 된 구도시를 복
구하는 과정에서 진행된 고고학적 발굴은 지금까지 오래된 사

료들을 통해서만 알고 있던 예루살렘의 역사에 환한 조명을 밝혀주었다. 물론 이전에도 1863년 탐험가 사울시(F. de Saulcy) 의 왕들의 무덤 발굴과 1867년 워런(C. Warren)의 성전 산 일 부 발굴, 그리고 1960년대 케년(K. Kenyon)의 다윗 성 발굴 등 이 없진 않았다. 그러나 대대적인 예루살렘에 대한 고고학적 발굴은 6일 전쟁 이후였다. 1968년부터 진행된 벤야민 마잘(B. Mazar)의 성전 산 남쪽 발굴, 룻 아미란(R. Amiran)과 아브라함 에이탄(A. Eitan)의 욥바 문 근처의 성채 발굴, 마겐 브로쉬(M. Broshi)의 서쪽과 남쪽의 터키 성벽과 시온 산 지역 발굴 그리 고 나흐만 아비가드(Naman Avigad)의 유대 구역 발굴 등은 예 루살렘 역사 찾기의 르네상스시대를 이루었다.

언뜻 보면 넉넉하지 못한 이 좁은 땅에, 보잘것없어 보이는 불모의 작은 언덕에 올라 앉아 3,000년이라는 긴 질고(疾苦) 의 세월을 살아온 도시가 예루살렘이다. 파리처럼 화려하지도, 로마처럼 웅장하지도 않으면서 할아버지와 아버지 그리고 손 자에 이르기까지, 또한 유대교와 기독교 그리고 이슬람 모두 에게 사랑받는 도시인 까닭은 모두가 이 도시에는 '영적인 기 운'이 있다고 믿기 때문이다. 때로는 그 영적인 힘이 넘쳐나서 뜨거운 피와 눈물, 전쟁과 증오, 절망과 상실, 고통과 울부짖 음으로 가득했던 도시가 되기도 했다.

지금은 중무장한 이스라엘 병사로 넘쳐나고 언제 터질지 모 를 자살 폭탄 테러로 불안하기만 하다. 그러나 언젠가 서로 다 른 신앙과 서로 다른 색깔이 자유롭게 공존하며 정의롭게 협동

하는 거리를 활보할 수 있는 평화로운 날이 오리라 믿는다. 예루살렘에서 이 책을 쓰는 동안에도 군인차량인지 앰뷸런스인지 모를 요란한 사이렌소리가 고막을 때리고 지나갈 때면 가슴이 철렁할 때가 한두 번이 아니었다. 그럼에도 불구하고 나는 이 '벌레 먹은 도시'를 사랑한다.

기독교인의 예루살렘

> 그렇게 새 예루살렘을 지었다. 옛날 유명했던 그곳 위에.
>
> (유세비우스)

비잔틴시대(325~614)

예루살렘을 방문하는 기독교인 순례자들은 예수 그리스도의 흔적을 거의 찾을 수 없어 실망을 하곤 한다. 70년 예루살렘이 로마에 의해 멸망하고, 132년 제2차 유대 반란 직후 예루살렘은 더 이상 유대인의 도시가 아니었다. 하드리안 황제는 이 도시의 이름을 'Aelia Capitolina'로 개명하고 로마의 도시로 만들었다. 기독교가 물려받은 예루살렘은 유대인의 도시가 아니라 로마의 도시였다.

325년 니케아 종교회의는 기독교를 로마제국의 국교로 받아들였다. 기독교 성지는 콘스탄틴 황제로부터 시작되었다. 그는 예루살렘에 새로운 지위를 부여하였다. "Aelia의 주교에게 그 지방(팔레스타인)의 모든 권리와 함께 (로마의 주교에) 다음가는 명예를 부여하였다." 초점은 정치나 경제가 아니라 거룩한 도시 자체였다. 콘스탄틴 대제는 교회를 건축하는 거대한 계획에 착수했다. 기독교인의 눈에는 예수의 흔적이 닿았던 모든 장소—예루살렘, 베들레헴, 나사렛, 갈릴리 호수 주변 등—를 거룩하게 만드는 것보다 중요한 일이 없었다.

콘스탄틴 황제의 가장 큰 관심은 예수의 무덤이 있던 장소였다. 335년 그는 주피터 신전이 서 있던 곳에서 거룩한 '구원의 동굴'을 발견했다. 그는 오염된 그곳을 정화하고, 거기에 가장 먼저 바실리카를 지었다(Eusebius, *Life of Constantine III*, 31). 거의 300여 년 동안 이 도시에 있던 기독교 공동체는 예수의 죽고 묻힌 성 밖의 현장을 잊고 지냈다. 왜냐하면 하드리안 황제 때 새로 지은 이 도시의 경제적·정치적 중심은 이전에는 성 밖이었던, 예수의 무덤이 있던 바로 그곳이었기 때문이었다. 이렇게 하여 "죽음을 이기고 부활하신 그리스도의 새 예루살렘은 하나님의 징벌로 파괴된 유대인의 땅 위에 로마의 이방신전을 제거하고 다시 세워졌다."

교회의 어머니

기독교 예루살렘의 또 다른 드라마는 콘스탄틴 황제의 모

친 헬레나를 통해 펼쳐졌다. 65세가 되어서야 세례를 받고 그
리스도인이 된 그녀는 (개인적으로) 거룩한 예루살렘을 방문하
여 기도하러 올라가서 거룩한 나무 십자가를 찾으려 애썼다.
쉬운 일이 아니었다. 그런데 예루살렘 동쪽에 사는 한 히브리
인이 찾아와 조상으로부터 전해받은 비밀을 털어놓았다. 그것
은 마치 하나님이 표적과 꿈으로 사실을 계시해준 것이나 다
름없었다. 그가 알려준 곳을 깊게 파내려가자 주님이 죽음으
로부터 부활하신 동굴을 찾아냈고, 그로부터 멀지 않은 곳에
서 세 개의 십자가를 발견했다. 그 중 조각난 하나의 나무에는
히브리어, 그리스어, 라틴어로 '나사렛 예수, 유대인의 왕'이
라는 글씨가 새겨져 있었다(Sozomen, *Church History II*, 1). 후기
전승에 따르면, 한 개의 십자가는 예루살렘에, 다른 하나는 콘
스탄티노플에 각각 두었다고 한다. 이 밖에 세 개의 못 가운데
한 개는 황제 자신의 군마(軍馬)의 재갈에 끼워두고, 다른 한
개는 투구의 면갑(面甲)에, 나머지 한개는 롬바르드 왕의 왕관
에 섞어 넣었다고 전해진다.

헬레나는 하나님의 아들을 낳은 어머니의 출산고통을 기
념하여 베들레헴의 마구간 동굴에 예수 탄생교회를 세웠다.
아울러 예수의 발자국이 남아 있는 올리브 산의 바위 위에
승천 교회를 세웠다(Eusebius, *Life of Constantine III*, 41-43). 콘스
탄틴 통치 제13년(335), 제노비우스(Zenobius)와 유스타티우스
(Eustathius)가 설계하고 완공한 거대한 돔 형태의 부활 교회—
예수의 무덤 위에 세워진 아나스타시스(Anastasis), 즉 '부활'이

라는 이름의 둥근 지붕의 성당으로, 교회사가 유세비우스는 이를 '순교자 기념 성당(Martyrium)'이라 불렀으나, 후대 십자 군들이 그 이름을 성묘 교회라 바꿔 불렀다—는 기독교인의 예루살렘의 중심으로 빠르게 자리잡아갔다. 이곳은 예배는 물론 상거래의 중심지가 되었다(Sozomen, *Church History II*, 26).

유대인은 폐허 위에서 울며 기도하고

번영해가는 기독교의 예루살렘에 비해 유대인의 예루살렘 은 상대적으로 초라하기 이를 데 없었다. 4세기 말 베들레헴 에 살던 성 제롬(Saint Jerome, c.345~420)은 파괴된 예루살렘 의 성전 터에 모여 슬픔에 잠긴 채 눈물 섞인 기도를 하는 유 대인에 관하여 다음과 같이 묘사했다.

> 하나님의 종, 하나님 자신의 아들을 가장 지독하게 죽인
> 이 믿음 없는 백성에게 예루살렘 출입을 금지하는 것은 정
> 당하다. 울기 위해 들어가는 것을 제외하곤 말이다. 눈물로
> 써, 그들의 눈물 값이 얼마 되지도 않지만, 그리스도의 피
> 값을 지불하도록 놔둬라. 당신의 눈으로 예루살렘이 로마에
> 의해 포위되고 파괴되던 날(의 기념일)을 볼 수 있다(Jerome,
> *On Zephania I*, 15-16).

예루살렘이 기독교의 도시로 변해가면서 거룩한 장소에 대 한 순례자들의 방문이 줄을 이었다. 제롬은 순례란 '긴 과업'

27

이라 칭했다. 그에 의하면 순례는 주님이 승천하신 날부터 오늘에 이르기까지 연대기적으로 발자취를 따라 다니는 것이다. 예루살렘을 찾은 교회의 주교, 순교자, 의사들은 자신들에게 모자란 신앙심을 일깨워나갔으며, 복음서가 가르쳐준 대로 그리스도가 처형된 바로 그곳에서 그에게 예배하게 될 때까지 자신의 불완전한 덕을 실천해가야 했다. 닛사의 그레고리(Gregory of Nyssa, c.330~c.395)가 갑바도키아 사람들에게 경고한 대로, 순례 여행 중 몸과 영혼이 겪게 될 위험은 아주 높았다.

성전재건의 꿈은 사라지다

한편, 337년 콘스탄틴 황제가 서거하자 후계자를 놓고 아리안과 정통파 간의 정치적 갈등과 더불어 종교적 갈등이 생겼다. 급기야 콘스탄틴 대제의 조카이자 신플라톤주의자인 율리안 황제(361~363)가 이방제의를 복원하면서 예루살렘에 유대인의 성전을 재건할 계획을 세웠다. 유대인들은 대대적으로 이를 환영했으나, 이는 기독교에 대한 황제의 공격이나 마찬가지였다. 70년 로마에 의한 예루살렘 성전의 멸망은, 성전 없는 유대교는 더 이상 존속할 수 없음을 의미했다. 뿐만 아니라 이것은 초기 기독교인들에게 있어서 유대교가 하나님과의 특별한 관계로부터 떨어져나간 증거였다. 363년 봄, 황제는 기독교의 주장이 틀린 것임을 증명하기 위해 성전공사를 착공하였다. 그러나 이 공사는 천재지변(지진)에 의해 즉각 중단되고 말았다. 그리고 황제는 수주일 후 원정에 나갔다가 갑작스럽게 사망하였다. 이 사건은 기독교와 유대교의 논쟁에 종지부를 찍었으며, 기독교의 합법성을 결정지은 계기가 되었다.

예루살렘의 매력은 힘을 더해갔다. 올리브 산 정상에 임보몬(Imbomon), 즉 승천 교회가 세워졌다. 거대한 돔 지붕의 교회였다. 주교의 관구가 자리하고 있는 '거룩한 시온'에도 최후의 만찬을 기념하여 교회를 세웠다. 키드론 골짜기에 세워진 겟세마네 교회는 예수의 마지막 기도에서 흘린 피땀을 기념하고 있다. 솔로몬과 헤롯이 건설한 예루살렘은 파괴되고, 그 위에 새 예루살렘이 건설되었다.

이미 초기 교회에서 발전된 장엄한 예배는 '제의의 황금기'라 불릴 만큼 구경거리 중 하나였다. 당시 예루살렘은 모든 기독교 세계를 통틀어 제의활동의 핵이었으며, 그 중 부활 교회는 예배의 중심이었다.

거룩한 곳에는 죄도 많고

제7일째 주의 날과 부활절 등 절기 때는 더 많은 이들이 모여 보다 장엄한 예배를 드리곤 했다. 특히 부활절 직전의 성금요일 예배가 그랬다. 골고다의 거룩한 곳에 주교가 의자를 놓고 앉아 있으면 집사 중 하나가 거룩한 나무 십자가가 들어있는 은으로 만든 상자를 그의 앞에 놓는다. 주교는 그 상자를 열어 거룩한 나무 십자가를 꺼내 상에 올려놓는다. 주변에 집사들이 둘러서서 십자가를 보호하는데, 그런 가운데 신도들이 하나하나 차례로 다가와 상에 상체를 굽히고 나무 십자가에

입을 맞춘다. 아무도 감히 손으로 만질 생각을 하지 못한다 (Egeria, *Pilgrimage*, 67).

성령이 마가의 다락방에서 기도하던 예수의 제자들에게 오신 오순절(부활절이 지난 50일째)에는 부활 교회 대성당에 모여 장엄한 예배를 드린다. 그 뒤 모든 백성이 주교를 호위하고 시온으로 향한다. 9시에 도착해서 성령강림과 관련된 「사도행전」의 구절을 읽는다. 헌금을 드리고 예배를 마치면 최고 집사가 나와 "오늘 정오에 임보몬(승천 교회)이 있는 엘레오나 산 (Mount of Eleona, 올리브 산)에 모일 준비를 합시다"라고 광고한다. 사람들은 돌아가 휴식을 취하고 식사를 하고 나서 엘레오나 산에 모인다. 도시(성 안)에는 그리스도인이 한 사람도 남지 않게 된다. 먼저 주께서 승천하신 곳에 세워진 임보몬에 가서 「시편」을 읽고 화답하고, 3시가 되면 올리브 산의 다른 교회로 이동한다. 그리스도께서 사도신경을 가르치신 곳이다. 거기서 예비 신자들에게 강복한다. (키드론) 계곡을 지나 성문에 이르면 이미 저녁이 된다. 가져온 촛불을 들고 부활 교회까지 행진한다(Egeria, *Pilgrimage*, 70-71).

거룩한 순례자들의 발길이 끊이지 않은 성지에 기쁨에 찬 예배와 찬양만 있던 것은 아니었다. 예루살렘을 찾아왔던 닛사의 그레고리는 『순례기 *Letter on Pilgrimages*』에 이런 기록을 남겼다.

만약 하나님의 은총이 다른 곳보다는 예루살렘 가까운

곳에 더 많이 내린다면, 거기에 사는 사람들은 죄를 하나도 짓지 말아야 할 것이다. 그러나 거기에는 탐닉에 빠진 모든 종류의 부끄러운 행위가 있다. 하루도 거르지 않고 사기, 간통, 도둑, 우상숭배, 독살, 싸움, 살인이 일어나고 있다. 그런 (부끄러운) 일들이 일어나는 곳에 신의 은총이 많음을 증명하기라도 한단 말인가?

서로마는 떨어져나가고

386년 수도승 요한이 예루살렘의 주교가 되었다. 그는 매우 간단한 신학적인 이론을 세웠다. 그리스도를 거부한 유대교는 성전과 도시를 빼앗겼다. 버려진 성전 뜰은 불신앙의 증거물로 남아 있으며, 이제 교회는 성서가 약속한 상속자가 되었다. 교회와 연합한 로마제국은 지상에 세워진 하나님의 왕국과 닮았으며, 황제는 진실한 믿음의 수호자라는 것이다. 이 신조는 수천 년간 기독교 왕국의 숙명으로 주조되었다.

그러나 410년 로마가 서고트족(Visigoth)에게 패망하고 서쪽이 아리안의 신앙을 고백하는 '야만인(바바리안)'의 지배 하에 들어가자, 동방제국만이 홀로 교회의 옹호자로 남게 되었다. 로마 사람들이 팔레스타인으로 떼지어 몰려들었다. 성지는 자연스럽게 바바리안의 땅으로부터 도망쳐 빠져나온 피난민의 수용처가 되었다. 억압받는 자의 희망의 땅이 되었으나 혼란스러웠다. 한편, 동로마제국의 동쪽은 훈족(흉노족) – 4~5세기 유럽을 휩쓴 아시아의 유목민 – 이 침입하기에 좋을 만큼 가까웠다. 성벽 없는 여러 도시가 훈족의 수중에 떨어졌다. 그런 와중에도 수도승과 주교들은 신학논쟁에 휩싸였다.

그럼에도 불구하고 예루살렘의 영적 전통은 계속되었다. 그리스도와 직접 관련된 성지는 물론 사도들의 역사와 관련된 곳에도 관심이 커졌다. 성 야고보와 성 스데반이 순교한 장소가 그 중 하나였다. 415년 계시의 결과로 순교자 스데반과 사도 바울의 스승 가말리엘과 니고데모의 시신이 예루살렘 북서쪽 카파르가말라(Caphargamala)에서 발견되었다. 예언자 스가랴의 시신과 예언자 미가와 하박국의 유골이 같은 시기에 발견되었다. 순례자들의 열의와 관심은 거의 무한정 확대되었으며, 순례자들의 주요 행선지에는 수없는 교회들이 세워졌다.

예루살렘은 총대교구로 승격되다

예루살렘은 이 모든 것으로부터 은전을 입었다. 아직까지 가이사랴가 최우선의 수도였지만 주교들은 계속해서 예루살렘을 보다 중요한 도시로 인정했다. 422년 예루살렘의 주교가 된 주브널(Juvenal, c.422~458)의 최고 야망은 예루살렘의 지위를 총대교구로 승격시키는 것이었다. 그는 로마만큼은 아니더라도 안디옥이나 알렉산드리아만큼의 지위를 얻고자 힘썼다. 이러한 목적을 위해 주브널은 431년에 열린 에베소 공의회에서 알렉산드리아의 성 시릴(Saint Cyril of Alexandria, 412~444)의 편에 서서 네스토리우스를 적극적으로 비판했다. 그리고 안디옥의 주교 요한을 향해 예루살렘의 사도적 지위에 복종해야 한다고 주장했다. 주브날은 시릴의 후계자 디오스코루스 (Dioscorus, 444~454)의 최고 지지자가 되었다. 주브날은 그의 후원에 힘입어 451년에 열린 칼케돈 공의회에서 예루살렘을 스키도폴리스(벧산)와 페트라와 더불어 가장 중요한 총대교구로 승격시켰다. 가이사랴보다 높은 지위를 확보한 것이다. 이로써 400여 년 동안 잃어버렸던 예루살렘의 우위를 다시 획득하였다.

신학적 논쟁과 종교적 갈등에 휩싸인 동안에도 제의와 예배에 대한 열의와 중요성은 식지 않았다. 예루살렘이 또 한차례 큰 시주(施主)를 얻은 것은 421년 동방의 황제 테오도시우스 2세가 아테네 수사학자의 딸 아테나이스(Athenais)와 콘스탄티노플에서 결혼식을 올리면서 시작되었다. 탁월한 교양이 있는 그녀의 세례명은 유도시아(Eudocia)였다. 431년 딸 하나를 잃은 왕비는 남은 딸의 결혼식이 끝나자 예루살렘을 방문하기로 서약했다. 왕비는 438년 그 서약을 실천에 옮겼다. 안디옥을 거쳐 예루살렘에 도착한 그녀는 가지고 온 황금 십자가를 갈보리에 바쳤다. 왕비는 불과 수개월 동안 예루살렘에 머물렀으나 거룩한 도시에 대한 찬란한 기억을 담고 돌아갔다. 여러 성골(聖骨)을 안고 콘스탄티노플로 돌아간 왕비는 예루살렘에 새 교회를 짓는 일에 관심을 가졌다. 그녀는 빌라도의 법정(Praetorium) 자리에 성 소피아 교회를, 가야바 궁 자리에 성 베드로 교회를 그리고 세례자 성 요한의 교회와 히스기야 터널 옆 연못 근처에 실로암 교회 등을 건축했다. 이처럼 유

도시아는 예루살렘의 얼굴을 크게 바꾸어놓았으나, 불행스럽게
도 지금은 모두 파괴되어 약간의 흔적만 남아 있을 뿐이다.

유도시아 여왕의 예루살렘

6년 후, 모든 영향으로부터 자신을 몰아내려는 시누이의 모
함으로부터 고통을 당하던 유도시아는 슬픔에 잠겨 예루살렘
으로 돌아왔다. 왕은 질투심을 못 이겨 단지 혐의만으로 왕비
의 막역한 친구인 파울리누스를 살해했다. 갈등에 빠진 유도
시아는 441년 혹은 442년 콘스탄티노플을 도망쳐나왔다. 왕
과 떨어져 지냈지만 그녀는 왕비의 지위와 재원을 유지하면서
20년간 사실상 팔레스타인을 다스렸다.

예루살렘에 대한 그녀의 사랑은 각별한 것이었다. 하드리안
황제 이래 열린 채로 방치된 성곽을 개축해서 외부의 침략을
적절히 방어할 수 있도록 했다. 오늘날에도 볼 수 있는 황금
문 – '아름다운 문'이라고도 불리는 이 문은 베드로와 요한이
성에 들어가다 앉은뱅이를 고쳐 일으킨 곳(「사도행전」 3 : 1–
10)으로 알려져 있다 – 은 바로 이때 그녀가 지은 것이다. 유
도시아는 총대주교의 궁을 지었다. 당시까지만 해도 총대주교
는 아나스타시스(부활) 교회의 위층 방에서 살고 있었다. 또,
그동안 교회에서 잠을 자던 순례자들이 머물 수 있도록 골고
다 근처에 커다란 호스텔을 지었다. 여리고 근처 유대 광야에
있는 성 유티미우스(Saint Euthymius, 377~473) 수도원 교회를
지은 이도, 마르 사바(Mar Saba) 수도원의 탑과 성채를 쌓은 이

도 바로 유도시아였다.

계속되는 종교 갈등에 유도시아가 개입한 것은 별로 좋은 결과를 가져오지 못했다. 칼케돈 공의회에서 콘스탄티노플의 대수도원의 원장이자 황실에도 큰 영향력을 행사하던 유티케스(Eutyches, c.378~454)의 단성론(Monophysitism) - 성육신하신 그리스도는 둘(신성과 인성)이 아닌 오직 하나의 본성만 갖고 계셨다는 주장. 이 주장은 '한 몸 안에 분리할 수 없는 두 개의 본성'을 가지고 계셨다는 양성론에 밀려 칼케돈 공의회에서 이단으로 파문당했다 - 이 유죄판결을 받은 이후에도 그녀는 단성론의 편에 서 있었다. 이 에피소드는 이미 비잔틴 역사의 표상이 되었다. 정치적인 대립은 꼼짝할 수 없을 정도로 종교적 이론(異論)과 엉켜 붙어버렸다. 결국 예루살렘에서는 칼케돈 공의회의 승자로 남게 된 주교 주브낼의 지지자들을 대량 학살하는 사태로 이어졌다. 그리고 아나스타시스 교회에서 수사 테오도시우스를 주교로 승인해버렸다. 수도원의 주교권을 박탈당한 대부분의 수사들은 유도시아를 따랐다. 결과적으로 군대가 동원되고 나블루스 근처에서 전투까지 벌어졌다.

아나스타시스 교회에는 다섯 개 종파가 자리잡고

유도시아는 북시리아의 은자(隱者)인 성 시몬 스티리테스(Saint S. Stylites, c.390~459)에게 자문을 구했다. 그는 왕비를 유티미우스 수도원으로 피난시켜 보낸 자였다. 성 유티미우스는 칼케돈 공의회의 결과를 즉시 따른, 팔레스타인에서는 몇안 되는 자 중 하나였다. 성채에서 왕비를 만난 "유티미우스의 말은 유도시아에게는 곧 신의 말씀이 되었다. 그의 말에 복종을 서두른 나머지 그녀는 즉시 거룩한 도시로 돌아가 그녀 자신을 대주교로 임명하고 가톨릭교회와 결속을 취했다. 그녀의 경우는 평신도와 수사들의 꽤 많은 인원을 가톨릭 공동체에 귀의시킨 좋은 예에 속한다."

460년 예루살렘을 각별히 사랑한 유도시아는 평화롭게 죽었다. 그녀는 예루살렘 북쪽 성문 바깥의 성 스데반 교회 근처에 묻혔다. 훗날 카르타고의 반달(Vandal) 궁에서 탈출하여 예루살렘에서 죽은 그녀의 손녀와 나란히……. 두 여왕의 무덤은 성 스데반 교회에 페르시아가 쳐들어올 때까지 남아 있었다. (바로 이곳에는 사해사본을 발굴한 롤랑 드보 신부가 살았던 프랑스 도미니칸 수도원 에꼴 비블리끄(Ecole Biblique)의 성당이 자리하고 있으며, 이 책은 안식년 기간 내내 머물렀던 이 수도원의 도서관에서 집필되었다.)

그렇지만 단성론이 유죄판결을 받은 이후 동방 기독교는 네스토리안, 야코비안, 아르메니안, 콥틱 등의 교회로 갈라지고 말았다. 이것이 오늘날까지 성묘 교회에 여러 종파들이 자리를 같이하고 있는 역사적인 배경이 된다. 단성론의 위기는 동방제국 전체를 크게 흔들었다. 그럼에도 불구하고 교회는 계속 확장되었다. 5세기 말 아랍 부족이 요르단과 네게브를 통해 북쪽을 향해 퍼져올라왔지만 위협적인 수준은 아니었다. 오히려 기독교로 개종한 아랍 부족 가싸니드(Ghassanids)는 비잔틴제국의 남쪽 파수꾼이 되었다. 서로마가 떨어져나가면서 오히려 동로마제국은 자신들이야말로 진정한 그리스-로마 문화의 상속자라는 의식을 강화했다. 그러한 의식은 기독교의 공헌으로 받아들여졌다. 사실상 이 시기보다 더 강한 비잔틴 시대는 없었다.

크게 일어난 소요(騷擾)

이런 가운데 팔레스타인의 기독교인과 유대인 간의 미묘한 관계가 항상 마찰열을 냈다. 이러한 정황은 438년 두 번째로 예루살렘을 방문한 후 시리아어로 남긴 북시리아의 수사 바르수마스(Barsumas)의 『자서전 *Life*』에서 자세히 살필 수 있다. 결코 앉거나 눕지 않았다는 그는 이미 유대인 회당을 파괴하는 자로 정평이 나 있었다. 이는 423년 황제의 칙령에 의해 금지된 행동이었다. 그 부분에 있어서 유대인은 황실의 동정적인 태도로 말미암아 어느 정도 이익을 얻고 있었다. 특히 유도시아의 유대인에 대한 각별한 관심은 광신적인 기독교인들 사이에 퍼져 있던 반유대적 감정을 깊고 강하게 자극했다. 438년 로마와 페르시아제국에 사는 모든 유대인들에게 보낸 회랍서신에서 유도시아는 그들이 예루살렘으로 다시 돌아와 최소한 성전이 있던 곳에서 기도할 수 있도록 허가하고 있다.

위대하고 힘이 있는 유대인들에게. 사제들과 갈릴리의 지도자들로부터 인사를 드립니다. 우리 백성들의 이산의 기간은 끝났으며 우리 지파들의 재결합이 가까웠음을 알리는 바입니다. 로마의 왕들은 우리의 도시 예루살렘이 우리에게 돌아오도록 명령한 바 있습니다. 초막절(장막절이라고도 불리는 이 절기는 이집트로부터 해방된 히브리인들이 광야에서 지낸 40년간의 생활을 기념하는 축제다)에 예루살렘으로 서둘러 오십시오. 우리 왕국이 예루살렘에 재건될 것입니다.

바르수마스는 마침 438년 초막절에 그의 제자들과 함께 예루살렘에 와 투숙해 있었다. 성전 산에 검은 옷을 입고 재를 뒤집어쓰고 모여 있는 유대인들에게, 이 장소에서 종종 발생하는 기적 같은 일이 일어났다. 하늘로부터 날아온 것처럼 돌멩이가 쏟아진 것이다. 한 명이 죽었다. 뜻밖의 일을 당한 유대인들은 바르수마스의 추종자인 열여덟 명의 제자들을 살인자로 고발하고 그들을 지역 경찰에 넘겼다.

로마 행정관과 유대인들은 올리브나무의 가지를 꺾어 들고 베들레헴에 있던 왕비 유도시아를 찾아갔다. 그들은 올리브 가지를 들고 왕비를 찬양하며 소리를 질렀다. "존경스러운 수도자 복장을 한 메소포타미아에서부터 온 산적들이 도시에서 큰 전쟁을 일으켜 도시를 유린했습니다. 여러 명이 죽었으며, 살해된 시체가 연못을 채웠다는 소문이 공공장소와 가정의 정원에 퍼지고 있습니다." 왕비는 영향력과 대중적인 인기를 가진 수도자들과 부딪치는 걸 주저했다. (당시 예루살렘의 주교는 주브녤이었으며, 바르수마스는 그의 측근이었다.) 비잔틴 행정관이 가이사랴로부터 소환되었다. 성전 산에서 살해된 유대인에 대한 여론을 듣기 위해서였다. 바람이 수도자들 쪽으로 불었다.

(예루살렘) 기독교인들은 다른 이에게 말했다. "왕비가 기독교인을 살인자로 몰고갈 구실을 찾고 있다." 다른 이가 덧붙였다. "우리가 왕비와 그녀와 함께하는 이들을 화형에 처해버릴 거다." 예루살렘에 여러 주교들이 모였다. 그들은 도시와 시골에 편지를 보내 군중을 소집했다. 모든 이들이 예루살렘에 와 도시는 발 디딜 틈이 없을 정도였다. 그들은 왕비를 기다리며 그녀를 화형에 처한다는 판결문을 읽어내려갔다. 6일째 (가이사랴로부터) 행정관이 여러 수행원과 함께 도착했으나 그는 도시에서 멀리 떨어진 곳에 머물렀다. 예루살렘에 들어올 때 돌에 맞을 것을 두려워했기 때문이었다.

행정관은 곧 사건의 편류에 말려들었다. 바르수마스의 입회 하에 행정관은 감옥의 수감자들을 만났다. 바르수마스는 즉각 행정관의 손을 잡고 "신이 아직 그대를 죽이기로 결심하지 않았다"며 안심시켰다. 행정관이 의심스런 이 말을 숙고하는 동안 의료검사관의 보고가 접수되었다. "성전 산에 있던 유대인은 부상의 흔적이 전혀 없습니다. 그들은 자연사한 것입니다." 바르수마스는 대중들에게 소식을 알렸다. "십자가가 승리했다!" 모든 백성이 성 안과 밖에서 나와 소리를 질렀다. "십자가가 승리했다!" 백성들의 소리는 부풀어올라 바다의 파도처럼 퍼져나갔다. 외치는 소리에 도시의 어린이들이 놀랄 정도였다. 기독교인들은 500개의 그룹을 형성하였다. 대부분 사막에서 올라온 수사들과 그들과 함께 각 지방에서 온 백성들이 있었다. 바르수마스는 그 중앙에서 도시 주변을 함께 돌았다.

유스틴 황제의 예루살렘

6세기 게르만족의 침공은 동로마제국을 피로하게 만들었다. 527년, 황제로 등극한 유스틴(527~565)은 반달족으로부터 북아프리카를, 그리고 고트족으로부터 이탈리아를 도로 찾았다. 그는 비잔티움을 지중해 세계의 단결을 회복하기 위한 중심으로 만든다는 거대한 프로젝트를 구상했다. 콘스탄티노플의 성소피아 성당은 이때 건설되었다. 이제 콘스탄티노플은 새로운 로마가 되었다. 동로마제국의 정치적·종교적 통합을 꿈꾸던 유스틴 황제의 야망은 그렇게 구현되었다.

팔레스타인에서 유스틴 황제의 통치는 사마리아 사람들의 반란으로 막을 열었다. 종교적 차별이 밑바닥에 깔린 감정이었다면, 과도한 세금 부과가 그 감정을 폭발시켰다. 냉혹한 군사적 진압은 문제를 해결하기는커녕 더욱 어렵게 만들고 말았다. 교회는 황제에게 문제의 본질을 보고하고 중재에 나섰다. 예루살렘의 주교 베드로는 사마리아에서 조사여행에 나섰으며, 성 사바(Saint Saba)는 세금을 감면해주는 조처를 취해달라는 요청을 위해 콘스탄티노플을 향해 떠났다.

황제는 성 사바에게 수도원에 줄 선물을 증정했다. 성 사바는 대답했다. "그들이 원하는 것은 이것이 아닙니다.……우리가 요청하는 것은 사마리아 사람들에 의해 폐허가 된 팔레스타인 지역에 세금을 가볍게 해달라는 것입니다. 불탄 교회를 재건하고, 예루살렘에 병든 순례자들을 위한 병원을 짓고, 주교 엘리아가 시작한 처녀 교회를 완공해주십시오. 마지막으로 내게 수도원의 중앙에 성채를 쌓게 하셔서 아랍의 공격으로부터 방어하게 해주십시오……."

그의 모든 요구는 받아들여졌다. 이렇게 해서 시작된 유스틴 황제의 예루살렘에 대한 열정은 식을 줄 몰랐다. 그는 콘스탄티노플, 라벤나, 베들레헴 등에 아낌없이 큰 교회를 지었다. 거룩한 도시 예루살렘은 오히려 행운이 적은 편이었다. 예루살렘에는 성 사바가 요청한 병원을 짓기 시작했다. 약 200여 개의 침상이 마련되었으며 연간 금화 1,850닢의 수입을 올렸다. 주교 베드로의 감독 하에 건축가 테오도시우스가 설계한 '성 마리아, 하나님의 어머니, 영원한 처녀' 교회가 531~543년에 걸쳐 완공되어 봉헌되었다(Cyril of Scythopolis, *Life of Saba*, 72-73). 서쪽 언덕에 높게 세워 전망이 탁월하게 좋았던 이 교회는 불행하게도 오늘날에는 흔적조차 찾기 어렵다.

거룩한 순례자들의 전성시대

543년 11월 20일, 성 마리아를 위해 지은 새 교회(Nea Church)의 봉헌식 날 예루살렘에는 광채가 휘날렸다. 예루살렘 건축의 장대한 진용이 새로 완성된 것이다. 투어즈(Tours)의 주교 리시니우스, 벨리사리우스의 장군 세리쿠스, 소아시아에서 온 수사들, 스코틀랜드의 왕자, 영국의 주교 등이 참석했다.

그 외에도 율리안 황제 때 건축된 교회들로는 올리브 산의 엘레오나 승천 교회와 이에 딸린 수도원의 기도실들, 키드론 골짜기의 겟세마네 성당, 시온 산이라 일컬어지는 서쪽 언덕의 가야바 집 교회와 두 개의 성 베드로 성당(오늘날 갈리칸투로 알려진 예고와 참회 교회), 그 아래쪽 실로암 연못 교회, 헤롯 왕궁이 있었던 오늘날 다윗 망대의 수도원, 게오르기아 왕자 나바르노기오스가 기초를 놓은 이베리안 수도원, 아르메니안 구역의 성 메나스 예배당, 메소포타미아의 순교자 성 야고보 기념 교회 등이 있다. '십자가의 길'이 아직 복구되지는 않았으며, 베데스다 연못가에 성 안나(Saint Anne) 기념교회를 세웠다. 그곳은 안나가 예수의 어머니 마리아를 낳았다는 장소였다. 도시 한복판에 세례자 요한 기념 교회가, 성 밖 북쪽에 성 스데반 기념 교회가 각각 세워진 것도 이때였다. 아나스타시스 교회의 부속건물도 이때 추가되었다.

560~575년 사이에 만들어진 트랜스요르단 마다바(Madaba)에 있는 그리스 정교회의 모자이크 지도에서 (비록 많이 파손되었다 하지만) 우리는 '거룩한 도시 예루살렘(*HAΓIAΠOΛIC I (PΟΥCA [ΛΗM])*'에만 약 30개의 잘 알려진 교회와 수도원이 있음을 확인할 수 있다. 거기에는 아나스타시스 교회의 바실리카와 콘스탄틴의 성당을 포함하여 시온 산의 대성낭, 유스틴 황제의 새 교회 등을 선명하게 찾아볼 수 있다.

겟세마네에서부터 올리브 산의 승천 교회에 이르는 길에는 순례자들의 행렬이 이어졌다. 순례자들은 실로암 연못 아래

마다바의
예루살렘 지도.

다윗 왕과 예언자 이사야의 무덤을 방문했다. 또한 키드론 골
짜기의 성 사도 야고보의 무덤을 '보고 만졌다(*Piacenza Pilgrim*,
17-30).' 그들은 베들레헴과 유대 광야는 물론 시나이 산에 이
르는 대장정에 올랐다. 예루살렘의 상업적·영적 건축 예술의
부요함은 과거사에서 알려진 모든 것을 뛰어넘는 것이었다.
찬란함은 칭송과 감탄을 낳았지만 동시에 시기와 증오심을 불
러일으켰다.

페르시아의 침략과 예루살렘의 재앙

614년, 콘스탄틴과 헬레나와 유도시아와 유스틴의 기독교
인 예루살렘에는 거대한 재앙이 덮쳤다. 비잔틴과 페르시아의
적대감은 특유한 것이었다. 227년 파르티아의 마지막 왕을 몰
아내고 왕조를 세운 이래로, 조로아스터교가 국교인 페르시아

43

는 마기(Magi) 승족(僧族)이 후원했다. 이들은 기독교를 로마의 통치와 동일시하며 종교적 적대감을 갖고 있었다. 고대 페르시아의 다리오 왕과 크세르크세스의 후계자로 자처한 페르시아제국의 관심은 동방 세계의 지배를 꿈꾸며 서방까지 그 세력을 확장하는 것이었다. 기독교 왕국을 정복하는 것은 필수 과제였다.

갑바도키아 출신의 헤라클리우스(Heraclius, 575~641) 황제가 비잔틴제국을 통치하던 606년, 페르시아의 '승리자' 코스로스 2세(Chosroes II Parviz)는 메소포타미아의 평원을 건너 이듬해 시리아-팔레스타인 북쪽을 지나 소아시아로 쳐들어갔다. 612년 갑바도키아와 아르메니아를 점령하고, 이듬해에는 다마스쿠스와 알레포와 안디옥을 침공했다. 유대인과 사마리아인들은 이들을 환영했다. 무정부 상태를 틈타 아랍 선발대가 마르 사바에 들어와 40명의 수사를 살해했다. 614년 비잔틴 동부 지역을 박살내고 예루살렘으로 쇄도해들어온 페르시아 군대는 유대인의 협조를 얻어 닥치는 대로 사제와 수도자들을 살해하고 동굴과 수로와 가옥을 파괴했다. 마지막으로 마기 승족의 명령에 따라 교회에 불을 질렀다. 모든 교회는 전소(全燒)되었다.

628년 코스로스 2세가 죽고 이듬해 헤라클리우스가 예루살렘을 탈환할 때까지 페르시아는 팔레스타인의 주인으로 남았다. 대부분의 파괴된 교회는 복구되지 못했다. 그러다 알렉산드리아의 대주교 요한 알모너의 재정 지원에 힘입어, 화염으로 완전히 파괴되지 않아 즉시 복원이 가능한 일부 벽과 기둥을 세웠다. 특히 승천 교회와 아나스타시스 교회를 보수했다. 승천 교회의 지붕 돔은 이때 새로 복원된 것이었다. 634년에 총대주교가 된 성 소프리니우스(Saint Sophronius, c.560~638)의 감독 하에 복구가 진행되었으나 엘레오나, 성 소피아, 성 스데반 교회 등은 재건되지 못했다. 새로운 예루살렘은 614년 이전과는 결코 비교될 수 없이 초라한 것이었다.

비잔틴과 페르시아 간의 갈등이 계속되는 동안, 아라비아에서 새롭게 일어난 '젊은 힘'에 대항할 수 없을 만큼 두 세력은 지쳐서 그 힘을 잃어갔다. 그리고 안간힘을 쏟아 일으켜세우려는 모데스투스(Modestus)의 노력에도 불구하고 기독교인의 예루살렘에서는 무너진 교회종탑의 종소리가 (십자군이 들어올 때까지인) 약 500년 동안 다시 울리지 못했다.

십자군의 라틴 왕국(1099~1187)

200년간 라틴 세계는 예루살렘에 사로잡혔으며, 예루살렘을 위해 싸운 수많은 장군들 – 부용의 고드프루이(Godfrey of Bouillon), 탕크리드(Tancred), 레몽(Raymund of Saint Giles), 프리드리히 1세(Frederick Barbarossa), 필립 아우구스투스(Phillip Augustus)와 사자왕 리처드 1세(Richard Lion Heart, 1189~1199), 요한(John of Brienne) 그리고 성 루이스(Saint Louis) – 의 열정적인 헌신에 붙들렸다. 기사도 소설문학(Novels of chivalry)은 16세

기에 이미 유행했다. 『돈키호테 *Don Quixote*』는 가장 구체화된 상상도였다. 이 꿈은 성 이그나티우스와 프랜시스 자비에르(F. Xavier)의 승리에 대한 열정으로 고무되어 있었다.

1071년 비잔틴 황제 로마누스 디오게네스 휘하의 비잔틴 군대가 만지키에르트(Mantzikiert)에서 터키군에게 대패를 당한 뒤, 알렉시우스 콤네누스 황제(Alexius Comnenus, 1081~1118) 는 교황에게 서쪽의 지원을 호소했다. 그러나 서로마 교황의 군대는 게르만제국과 격돌하고 있었기 때문에 즉각 지원을 할 수 없었다. 1088년 클뤼니파의 수사 우르반 2세(1088~1099) 가 교황이 되었다. 그는 대 모험에 고무되었다. 1095년 11월 27일 클레르몽 공의회(Council of Clermont)를 소집한 교황은 기독교 세계 전체에게 성지의 회복을 촉구하는 열정적인 연설 을 했다.

동방에서 이슬람교도들이 승리를 거두고 지배권을 장악 함으로써 그리스도교 왕국은 수치를 당했습니다.……모든 그리스도교도의 심장이며 정당한 소유지인 신성한 땅이 능 욕을 당한 것입니다.……그러니 그리스도교도 왕들은 서로 싸우지 말고 힘을 합쳐 주님의 적들에게 칼날을 돌립시다. 그 신성한 땅과 도시를 구합시다.

교황의 호소에 대한 응답은 대단했다. 내란으로 시달리던 게르만 지역을 제외한 서구의 대부분의 지역에서 파견대를 보 냈다. 거기에는 남부 로렌의 대공(大公) 부용의 고드프루이의 이기심과 남부 프랑스에서 파견된 가장 큰 규모의 병력을 이끈 레몽의 모호한 모험심 그리고 남부 이탈리아의 파견대를 이끈 노르만인 보에몽(Bohemund)의 매우 온순한 종교적 현실주의가 겹쳤다. 다양한 원정을 조정하고 기획한 사람은 오베르뉴 지역 르 퓌(Puy)의 주교이자 교황특사인 아데마르(Adhemar of Monteil)였다. 그런 규모의 모험심과 기획은 최선의 매력만큼이나 최악의 위험을 가지고 있었다.

십자군의 목표는 예루살렘

그들의 목표는 예루살렘이었다. 1097년 7월 도릴라이움(Dorylaeum)에서 투르크 군대를 격퇴하고 보스포러스 해협을 건넜다. 그리고 이듬해 6월 안디옥을 탈환했다. 람레를 거쳐 들어온 십자군이 예루살렘에 처음으로 모습을 드러낸 것은 1099년 6월 7일이었다. "하늘을 향해 손을 올리고 무릎을 굽혀 땅에 입을 맞췄다(*William of Tyr*)." 볼드윈(Baldwin of Bourg)과 탕크리드 장군은 베들레헴을 정복하고 남쪽으로부터 예루살렘을 포위했다. 예루살렘은 더 이상 투르크의 수중에 놓여 있지 않았다. 1098년 이집트의 파티미드 왕조(907~1171)가 도시를 이미 점령하고, 셀주크 투르크의 공격에 대비해 튼튼한 성벽을 쌓아두었다.

프랑크 군대는 70년 로마의 티토가 공격을 개시한 대로 북쪽에 진을 쳤다. 노르망디의 로버트가 다마스쿠스 성문으로부터 얼마 떨어지지 않은 북동쪽 첫 번째 구역을 맡았다. 그리고 프란다스의 로버트가 그의 오른쪽을, 부용의 고드프루이와 탕크리드가 욥바 성문 맞은편의 서쪽을 맡았다. 마지막으로 레몽(Raymond of Toulouse)이 남쪽이 보이는 서쪽 언덕에 배치되었다.

1099년 6월 13일 첫 번째 공격은 많은 희생을 내고 실패로 돌아갔다. 사닥다리를 타고 성벽에 올라 사라센과 육박전을 펼친 결과였다. 한동안 빵과 마실 물이 공급되지 않아 고전했다. 7월 15일 정오 공성기(攻城機)를 이용한 새로운 방식의 공격이 성공적으로 펼쳐졌다. 탕크리드가 가능한 한 포로들을 체포하라고 주의를 주었음에도 불구하고, 오후와 저녁이 되자 십자군들은 자신의 힘을 통제할 이성을 상실해버렸다. 그들은 이슬람에게는 결코 잊을 수 없는 무자비한 학살을 자행하고 말았다. 도시는 시체와 피로 가득 찼다.

유대인들은 회당 문을 닫고 스스로 불을 질렀다. 무슬림 역사가 이븐 알-칼라니시에 따르면, 유대인 역시 프랑크에 의해 학살당했다. 그러나 라틴 자료에 의하면 그날 저녁 유대 지도자들은 아나스타시스 교회로 와서 울었다. "그들은 피 묻은 곳에서 깨끗한 새 옷을 걸치고 맨발로 걸어와 구원자 예수 그리스도가 밟고 지나간 거룩한 곳을 바라보며 울었다. 그리고 발지에 서서 한 지점에 입을 맞췄다." 유대인늘은 성전 산을 말끔하게 청소하고, 노예로 팔려가거나 추방되었다. 한편, 카이로 게니자에 보관되었던 1100년 여름에 쓴 유대인의 편지에 따르면 십자군들이 예루살렘 회당에서 약탈해간 거룩한 책들을 배상금을 주고 도로 찾아왔다.

정복한 영토는 재빠르게 재편되고 새로운 질서가 세워졌다. 부용의 고드프루이의 형 볼드윈 1세(1100-1118)는 트랜스요르단의 일정 부분을 지배하여 강력한 왕국을 세우고 예루살렘의 왕이 되었다.

라틴의 등장과 함께 교회의 서열도 바뀌었다. 비잔틴 예루살렘의 총대주교가 사이프러스에서 죽고 프랑크 다임버트(Frank Daimbert)가 예루살렘 대교구의 총대주교가 되었다. 하지만 1101년 라틴 교회가 아나스타시스 교회의 성직자 관저를 차지하고 교회의 이름도 성묘(聖墓) 교회라 불렀다.

제2차 십자군 원정

볼드윈 2세(1118~1131)는 라틴 왕국의 영토를 크게 확장시켰다. 그는 총대주교의 요청에 따라 무거운 세금을 가볍게 해줌으로써 예루살렘의 시장에 야채와 과일이 넘쳐흐르게 했다. 계속된 전쟁으로 줄어든 예루살렘의 인구도 점차 늘어났다. 그러나 이마드 알-딘 젠기(Imad-al-Din Zengi)가 이끄는 무슬림 세력이 알레포에 쳐들어와 도시를 장악하고, 1144년에는 에데사를 함락시켰다. 그 피해는 워낙 커서 서구에까지 알려졌고, 1147년 프랑스의 루이 7세와 독일의 콘라트 3세는 제2차 십자군을 일으켰다.

성 베르나르(Saint Bernard, 1090~1153)가 이끄는 제2차 십자군 원정(1147~1149)은 처음부터 실패였다. 제1차 원정에서 돌아온 전사들은 자신들에 대한 라틴 국가들의 처우에 불만을 갖고 있어 동조하지 않았다. 제1차 십자군 전사들은 수니파의 지원을 받고 있던 바그다드의 젠기의 후계자 누르 알-딘(Nur al-Din)의 팽창을 심각한 위협으로 보았으나, 제2차 십자군 전사들은 시아파의 다마스쿠스의 아메리 1세(Amery I, 1162~1173)를 공격하자고 싸웠다. 결국 1148년 다마스쿠스 정복은 실패하고 전사들은 고국으로 돌아갔다. 볼드윈 3세(1144~1162)는 아스켈론을 점령하였으나 누르 알-딘의 공격이 재개되었다. 결국 1154년 아메리 1세는 누르 알-딘의 진군을 막지 못하고 다마스쿠스를 새 주인에게 넘겨주고 말았다. 새 주인은 '십자가에 의해 오염된 예루살렘을 정화하기 위하여' 설교단(minbar)을 바친 자였다.

1174년 누르 알-딘이 죽자 살라딘(Saladin)이라 알려진 그 유명한 쿠르드 출신의 장군 살라-알-딘-유수프(Salah-al-Din-Yusuf, 1174~1193)가 시아파를 누르고 통일된 시리아와 이집트를 상속받아 다스렸다. 살라딘은 유능한 지배자였고, 헌신적인 이슬람교도였으며, 훌륭한 전략가였다. 문둥병왕 볼드윈 4세의 영웅적인 행위에도 불구하고 살라딘의 왕국은 우세를 지켜나갔다. 1187년 7월 무능력한 기 드 뤼지냥(Guy de Lusignan, 1129~1194)이 이끄는 기독교 군대가 디베리아 호수 서쪽 언덕의 하틴의 뿔(Horns of Hattin)에서 한낮의 열기 속에 야전(野戰)을 벌였다. 그들은 유례없는 재앙을 겪고 괴멸했다.

십자군의 무거운 갑옷

십자군의 방어용 갑옷은 무릎까지 내려왔고 무릎 아래의 다리와 양손은 별도의 사슬 갑옷으로 보호했다. 원뿔형 투구는 안면 쪽에 틈이 있어 내다보고 숨쉴 수

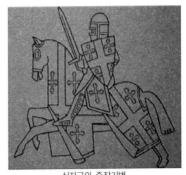
십자군의 중장기병.

있도록 되어 있었다. 군마 역시 덮개로 된 쇠미늘 갑옷으로 보호되었다. 따라서 십자군의 중장기병의 기동성은 무척 떨어질 수밖에 없었다. 이에 비해 사라센의 주력은 궁기병이었다. 십자군 기병들보다 가볍게 무장했고 말은 더 빠르고 몰기가 쉬웠다. 궁기병은 활 외에도 작고 둥근 방패와 짧은 창 그리고 검과 곤봉을 소지했다. 사라센 경장기병의 우수한 기동성은 적시에 적을 급습하는데 제격이었다.

살라딘은 십자군을 거의 패퇴시키고 1187년 말경에는 거의 모든 라틴 왕국의 영토를 수중에 넣었다. 예루살렘은 이미 10월에 함락되고, 주민들은 자비로운 대우를 받고 있었다. 서구에서는 즉시 제3차 십자군 원정대를 보내자는 설교가 확산되었다. '바바로사(Barbarossa)'로 일컬어지는 독일의 황제 프리드리히 1세(Frederich I, 1122~1190)가 1189년 독일에서 군대를 출발시켰다. 그러나 그의 군대는 성지에 도달하기도 전에 소아시아에서 사라센에 의해 학살되고 말았다. 1191년 십자군

원정에서 프랑크 군대는 팔레스타인 해안의 악고와 욥바를 재점령하였다. 그러나 잉글랜드의 사자왕 리차드(Richard Lion Heart)는 예루살렘 정벌을 주저하였고, 예루살렘은 여전히 무슬림의 수중에 들어 있었다.

13세기에도 십자군 원정은 계속되었다. 1229년 신성 로마제국의 황제 프리드리히 2세(Frederick II, 1194~1250)는 욥바에서 외교적인 협상을 통해 기독교인을 위한 촌락을 되찾는데 성공했다. 그러나 그곳은 방어가 불가능한 열린 도시로서, 사라센의 첫 번째 공격에 패하고 말았다(1244). 이후 불행한 십자군을 이끈 프랑스의 왕 생 루이스(Saint Louis, 1226~1270)는 필연적인 종말을 약간 지연시킬 수 있었을 뿐이다(1249). 이집트의 술탄 베이바르(Beibars)가 프랑크에게 거친 일격을 가했다. 1291년 성 요한이 이끄는 십자군의 마지막 숨은 악고에서 완전히 끊어지고 말았다. 약 200년간의 라틴 왕국의 역사는 동방에서 이렇게 덧없이 막을 내리고 말았다. 그럼에도 불구하고 십자군이 통치하던 기간 팔레스타인에 남긴 그들의 건축물들은 아직까지 예루살렘의 구도시를 아름답게 수놓고 있다.

십자군이 남기고 떠난 교회들

1099년 십자군의 대학살과 지배 이후 다시금 기독교인의 도시가 된 예루살렘의 인구는 심하게 뒤섞였다. 라틴계와 여러 다양한 종파에 속한 동방계의 혈통이 친밀히 이종교배되었으며, 특히 아르메니안의 비율이 매우 높았다. 무슬림의 지위

는 주인에서 종으로 완전히 뒤집혔다. 그들의 모든 건축물은
빼앗기고 모스크는 대부분 교회로 대체되었다. 이러한 비타협
적인 행동은 새로 들어오는 십자군에게 그대로 이어졌다. 십
자군과 정착민들은 서로 적대감을 가지고 친교하기를 꺼려했
다. 서로 다른 의식구조는 기사단에 대한 법규를 만들어낼 정
도였다.

승리자 프랑크는 자연스럽게 주요 노력을 '거룩한 무덤'에
집중했다. 1009년 알-하킴이 파괴한 교회가 1048년 비잔틴에
의해 복구되었음에도 불구하고, 건물은 여전히 파손된 채로
남아 있어 재건이 불가피했다. 1149년 7월 15일 새 교회가 봉
헌되었다. 이날은 십자군이 예루살렘을 탈환한 50주년 기념일
이었다. 콘스탄틴 IX 모노마쿠스(Constantine Monomachus)에
의해 재건된 둥근 아나스타시스 교회는 개조하지 않았다. 그
러나 무덤을 끼고 도는 작은 건물을 새로 지었다. 건물 전체는
비잔틴 전통을 따라 모자이크로 치장했다. 그 작업은 그리스
예술가가 담당했다. 부용의 고드프루이와 그의 첫 세 명의 후
계자들이 이곳에 묻혔다. 오늘날까지도 상당 부분 십자군시대
의 건축물을 확인할 수 있지만, 그 시대 교회의 아름다움을 모
두 상상하기는 거의 불가능하다.

성묘 교회·왕궁·성 안나 교회

라틴 왕의 통치 하에 지어진 예루살렘의 가장 중요한 세 개
의 건축물로는 성묘 교회 다음으로 다윗 성채에 지은 왕궁이

있다. 볼드윈 1세는 하람(성전 산)에서 살았다. 볼드윈 2세는 그곳을 기사단에게 넘겨주었다. 그는 성채에 왕궁을 짓고 거기서 살았다. 왕을 극진히 섬긴 아르메니안 신앙인들이 이웃하고 있었다. 그 당시 아르메니아 총대주교 성 야고보(Saint James) 교회가 세워졌다.

기사단은 성묘 교회 근처에 세워져 있던 성 요한의 형제 병원 자리를 군대 야영지로 삼았다. 기초가 파괴되고 옛 자리가 너무 비좁아 무리스탄(Muristan)을 개조해 넓혔다. 성 마리아 라틴 베네딕트회(12세기에 세워진 이곳은 오늘날 루터 교회가 자리하고 있다)가 이웃하고 있었다. 오늘날 무슬림 구역인 북동쪽 지역은 당시 기독교 시리아인들의 거주지였다. 이곳에는 성 아그네스 교회, 성 엘리아, 성 마가렛 교회 등이 들어섰다.

십자군시대의 가장 중요한 교회는 고대 베데스다 연못이 있었던 곳에 세워진 성 안나(Saint Anne) 교회였다. 볼드윈 1세의 부인 아르메니안 여왕 아르다(Arda)가 합류했을 때에는 아

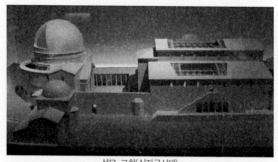

성묘 교회(십자군시대).

주 작은 종교 공동체의 센터였다. 여왕은 수도원에 거금을 기부하여 두 개의 교회를 짓도록 했다. 하나는 옛 베데스다 연못 쪽에, 다른 하나는 동굴 위에 지었다. 전설에 따르면 그곳은 예수의 어머니 마리아가 태어난 곳이었다. 1135년에 완공되었다. 성 안나 교회의 화려한 장식들은 파손되어 잃어버렸으나 건물은 거의 원형 그대로 보존되어 있어 십자군시대의 예루살렘의 아름다움을 느낄 수 있다.

도시 한복판에만 교회를 세운 것은 아니었다. 비잔틴시대의 예배 처소마다 교회를 복구하거나 다시 치장했다. 키드론 골짜기에 있는 성 구원 교회(Church of Holy Savior)가 겟세마네 바실리카를 대신하고, 처녀의 무덤(Tomb of the Virgin)이 여호사밧의 성모 마리아의 베네딕트 수도원이 되었다. (나중에 살라딘은 수도원 교회의 지하실 토굴을 없애고 거기에 왕비 멜리산데와 콘스탄스 그리고 안디옥의 공주를 장례했다.) 올리브 산꼭대기의 승천 교회 돔은 파괴된 임보몬(승천 교회)의 중앙에 재건되고, 도시의 북쪽에 성 스데반 교회와 성 나사로 교회를 다시 지었다. 성 나사로 교회는 문둥병 환자들의 부락이 되었다. 이 모든 교회들은 교단이나 수도회 혹은 왕자나 순례자가 증여하고 간 선물 등에 의해 유지되었다.

한편, 십자군은 하람에 있는 두 개의 이슬람 사원을 파괴하지 않았다. 다만 즉각 자신들의 소유로 삼고 구조변경을 단행하여 교회로 사용했다. 십자군시대의 기독교 성지순례자들은 바위 사원을 솔로몬이 지은 '성전(Templum Domini)'으로, 엘 악사 사원을 '솔로몬의 왕궁(Templum Solomonis)'이 있던 자리로 여겼다.

성지순례는 복원되었으나

제1차 십자군 원정의 성공은 서방 세계의 성지순례에 대한 열의를 일깨웠다. 예루살렘에 대한 열망은 불타오르고 이 도시에 대한 경건한 신앙심은 드높아갔다. 순례자들의 발길은 자꾸만 늘어났다. 와서 보고 배우며, 선물을 가져가는 일이 유행했다. 그 결과 유럽의 많은 교회는 성지에서 가져간 미심쩍은 성물(聖物)들로 넘쳐났다. 성지에서 온 물건에 대한 이상한 애정이 도를 넘어, 어떤 분별력 있는 사려나 비판이 결여되어 있었다. 비잔틴 기독교도들이 성지를 찾고 존경심을 표시한 것은 예수의 생애에 대한 구체적인 혼적을 찾아 이를 신학적인 견해에 수정시키기 위해서였다. 따라서 예배와 「시편」 낭송, 설교가 성지순례의 중심축을 이루고 있었다. 이에 비해서, 십자군시대의 성지순례는 다음의 한 순례자가 남긴 일정에서도 볼 수 있듯이 매우 꼼꼼하고 건조하기 이를 데 없었다.

이것이 내가 성지에 대해 당신께 얘기할 목록이자 서술입니다.……서기서 왼쪽이 _/가 빌라노 앞에서 재판을 받은 곳이며, 그 근처에 감옥이 있습니다. 내가 말한 것처럼 그곳이 그가 사람들에게 거절되었을 때 하나님이 그를 독방에 둔 곳입니다.

순례는 짜여진 일정에 따라 안전하게 이루어졌다. 기사단이 베두인의 약탈을 막아주었다. 때로는 수도회마다 경쟁적으로 순례의 새로운 일정을 개발해냈다. 제5차 십자군과 함께 성지에 올라온 성 프랜시스는 순례자들의 신앙과 열의를 북돋았다. 그들에게 십자가의 길(Via Dolorosa)은 서쪽(오늘날 욥바 문 근처의 다윗의 성채)에서부터 시작되었다. 성 마리아 수도회의 수도사들은 예수가 자기 어머니 마리아와 만난 곳을 지정하고 십자가에 달리실 때 고통당하던 마리아를 기념했다. 그러나 동방 교회의 전통에 따르면 안나와 가야바의 집 근처의 성전 북동쪽에서부터 십자가의 길이 시작되었다. 에체 호모(Ecce Homo)의 아치는 13세기 순례자들에 의해 주께서 십자가를 메고 골고다로 향하던 문이라고 여겨졌다. (사실 이 아치는 로마의 하드리안 황제 때 세운 것이다.) 북아프리카 리비아의 구레네에서 올라온 시몬이 주님을 만난 곳과 베로니카의 베일에 얽힌 얘기와 관련된 장소도 이때쯤 확정되었다. 보다 많은 순례자들이 서쪽에서부터 시작하는 길보다 이 길을 많이 찾았다. 예루살렘에서 이때보다 더 기독교인들에게 영적인 중요성이 인정되던 때도 없었다.

1187년 7월 4일, 살라딘은 프랑크 군대를 하틴의 뿔(Horns of Hattin)에서 제압하고 왕과 왕자를 체포하여 감옥에 가두었다. 9월 20일 예루살렘이 다시 포위되자 기독교인들은 1099년에 벌어진 대량 학살에 대한 복수의 칼이 두려워 떨었다. 도시 방어를 책임지고 있던 발리안(Balian of Ghibilin)이 바위 사원을 파괴하고 도시를 폐허로 만들겠다고 협박하면서 마지막 필사적인 돌격을 해왔다. 이에 살라딘은 공격을 중단하고 배상금을 받고 조건부 항복을 받아들였다. 그리고 모든 라틴 성직자들은 예루살렘을 떠났다.

살라딘은 칼리프 오마르가 처음으로 예루살렘에 들어왔을 때 이 건물을 보존한 것처럼 성묘 교회를 파괴하지 않았다. 그러나 바위 사원 위에 걸려 있던 "십자가를 쳐 넘어뜨리자 프랑크족은 물론 무슬림까지 큰 울음을 터뜨렸다. 무슬림은 '알라는 위대하시다!'라고 소리쳤고, 프랑크족은 심히 괴로워 울었다. 서로 외치는 소리가 너무 커 땅이 흔들리는 것 같았다." 이렇게 하여 약 200년간 예루살렘의 주인 노릇을 하던 십자군이 물러났다. 이후 예루살렘은 더 이상 기독교도의 도시로 다시 태어나지 못했다.

무슬림의 예루살렘

여명의 빛이 돔에 비치면 지붕은 광선을 맞아 건물
전체를 불가사의한 풍광으로 연출해낸다.
그리고 이슬람 전체를 평등하게 하나로 묶어낸다.
그것은 내가 이전에 본 적이 없는 것이며,
다른 이방시대의 어떤 건축물도 바위 돔의 우아함과는
견줄 수 없다.

(Muqaddasi, *Description of Syria*, 46)

예루살렘의 새 주인(638~750)

622년 '예언자' 무함마드는 귀족들과 보수적인 특권 상인

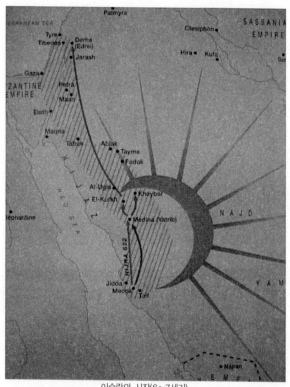

이슬람의 시작(6~7세기).

들의 탄압을 받아, 소수의 신도와 함께 메카를 떠나 메디나로 이주했다. 이슬람에서는 이를 헤지라, 즉 이슬람 원년으로 삼는다. 630년 신도들을 이끌고 메카로 돌아와 정치와 종교를 장악한 예언자는 가장 먼저 무슬림 군대를 요르단에 보내, 기독교로 개종하여 비잔틴제국의 남쪽 수호자가 된 아랍 부족

가싸니드(Ghassanids)와 접촉시켰다. '동방 교구의 감독' 테오도루스는 작은 부대를 모압 땅 모타에 매복시켜 여러 장수를 살해하기도 했다.

632년 예언자가 '승천했다.' 그의 상속자들, 즉 첫 네 명의 정통 칼리프 – 예언자의 외삼촌 아부바크르(Abu Bakr, 632~634), 오마르 이븐 엘-카타브(Omar ibn el-Khattab, 634~644), 오트만(Othman) 그리고 알리(Ali) – 는 팽창을 재개하였다. 그들은 이슬람의 5대 의무 – 믿음, 기도, 금식, 자선, 순례 – 에 지하드, 즉 성전(聖戰)을 입안했으며, 이 지하드는 무함마드의 추종자들을 사로잡게 된다.

페르시아 정벌에 에너지를 쏟던 비잔틴 군대는 오랜 전투로 인해 육체적으로나 재정적으로나 피로에 지쳐 있었다. 황제는 너무 멀리 있었고, 전선은 외국 파견단에 의해 방어되고 있었다. 사막의 유목민들이 갖춘 빠른 공격과 빠른 퇴각은 피로에 지친 비잔틴이 감당하기에는 너무나 벅찼다. 승리의 주역은 아라비아 기병대의 기동성(機動性)이었다. 10년 만에 시리아와 이집트가 아라비아 사람에 의해 점령되고, 651년 이란 전체가 그들의 수중에 들어갔다. 7세기 말 콘스탄티노플과 스페인이 함락되었는데, 알렉산더 이후 이렇게 빠른 정복은 없었다. 아랄 해에서 나일 강 상류까지, 중국 국경에서 비스케이 만까지 차지한 이슬람은 단지 영토만을 정복하는 승리가 아니었다. 이때 정복된 대부분의 영토는 수세기가 지나자 이슬람 종교를 신봉하는 지역으로 남았다.

예루살렘의 새 주인

638년 '거룩한 집(예루살렘)'의 역사도 새로운 국면에 접어들었다. 천 년간이나 이스라엘의 수도였던 이 도시가 로마의 수중에 들어가면서 이름조차 빼앗기더니, 기독교라는 새 주인을 맞아 꿈꾸었던 달콤하고 화려한 얼마간의 시간을 접고, 이제는 전혀 새로운 종교를 새 손님으로 받아들여야만 했다.

비잔틴 황제 헤라클리우스(Heraclius, 610~641) ─ 그는 614년 페르시아가 예루살렘으로부터 옮겨간 성물 십자가를 629년에 정중하게 골고다로 되돌려보낸 황제였다 ─ 는 현명한 중재자를 팔레스타인에 보냈다. 638년 2월 그는 올리브 산에 도착했다. 거기에는 점잖은 예루살렘의 총대주교 성 소프로니우스(Saint Sophronius, c.560~638)가 이미 와 있었다. 사막의 아들처럼 옷을 입은 '작고 검은 남자(칼리프 오마르, 그는 흑인 여성의 아들이었다)'는 이들의 기대를 능가하는 성과를 그들 손에 넣어주었다.

알라의 이름으로 자비와 은총이 있기를. 이것은 바이크알 마크디스(Bait al-Maqdis, 거룩한 집)의 거주자들에 대한 카타브의 아들 오마르의 선포다. 진실로 당신에게 목숨과 재산과 교회의 완진한 인진을 보징하는 바이다. 니희가 지항하지 않는 한, 무슬림은 어떤 희생도 파괴도 하지 않을 것이다(Ya'qubi, *History II*, 161, 167).

성문이 열리고 총대주교 소프로니우스가 오마르를 예루살렘으로 안내했다. 제일 먼저 그를 데리고 들어간 곳은 성묘 교회였다. 때마침 기도하는 시간이었으나 오마르는 교회 안에서 기도하는 것을 거절하고 동쪽 입구 계단으로 물러섰다. "왜 교회 안에서 기도하지 않고 물러서느냐"고 주교가 물었다. 오마르는 "만일 내가 당신이 빼앗긴 교회 안에서 기도를 하게 되면 신자들이 교회를 당신에게서 빼앗을 것이기 때문"이라고 대답했다. 그리고 오마르는 바로 그 자리에서 기도하기 시작했다. 이처럼 무슬림은 바실리카의 앞마당을 보유하고, 기독교인들은 교회를 지킬 수 있었던 것이다.

예루살렘에 사는 그리스도인들에게는 자유로운 예배가 허가되었으며, 기존의 비잔틴 영토 내의 거주도 허락되었다. 비잔틴에게 내던 세금은 아랍에게 내면 되었다. 도시의 일상생활과 무역활동은 정복 이후에도 크게 방해받지 않았다. 비잔틴 행정관들이 아랍의 감독 하에 행정을 담당했으며, 다마스쿠스의 성 요한의 아버지 세르기우스가 재무장관으로 임명되었다. 순례 역시 계속되었다. 다만 638년 소프로니우스가 사망한 이후 706년까지 예루살렘의 총대주교는 공석으로 남아 있었다.

예루살렘에 대한 무슬림의 존경심은 정복에 대한 결과가 아니었다. 이슬람이 그 땅에 들어오기 이전부터 그들은 메카와 메디나에 살던 유대인들을 통해 이 도시에 대해 익히 잘 알고 있었다. 뿐만 아니라 이슬람 '예언자'의 가르침은 유대인의 성서 전통으로부터 출발한 것이었다. 아브라함, 요셉, 모세, 아론, 요나, 다윗, 솔로몬, 욥, 예언자 스가랴, 세례자 요한, 마리아, 예수 등의 이름은 이슬람의 경전 꾸란에서도 발견된다. 유대적인 영향은 키블라, 즉 무슬림의 기도에서도 나타난다. 무함마드가 유대인처럼 예루살렘을 향해 기도하던 습관이 바로 그것이다. 물론 뒷날 메디나에 있던 유대인과의 관계가 악화되면서 무슬림들은 메카를 향해 기도하기 시작했다(Quran, 2 : 142-145 참조). 후대 이슬람 주석자에 따르면, 모세의 기도가 서쪽을, 예수의 기도가 동쪽을 향해 있는 데 비해 무함마드는 메카, 즉 '올바른 빛'을 향해 기도했다고 전한다.

무함마드의 밤의 여행

칼리프는 성전 경내를 방문하기를 열망했다. 무슬림에게 이곳은 하람 에쉬-샤리프(Haram esh-Sharif), 즉 '숭고한 지성소'로 알려진 곳이었기 때문이다. 이곳은 일찍이 꾸란에 등장한다.

밤에 거룩한 모스크에서부터 선조의 모스크로 그의 종을 옮겨다놓은 그를 찬양하라. 우리는 기적을 보여준 그의 순회여행으로 복을 누린다. 그가 본 자요, 그가 또한 들은 자이다(Quran, Sura 17; Quran, 53 : 4-10 참조).

이것은 메카에서 기도하던 중 몽환(夢幻)의 경지에 빠진 무함마드가 천사장의 안내를 받으며 7층천으로 올라간 장면을 묘사하는 대목이다. 그가 밤에 도착한 신(神)과 가까운 '(메카로부터) 멀리 떨어진 저쪽의 모스크(Mosque al-Aqsa)'란 바로 예루살렘을 가리키는 말이었다. 이러한 무함마드의 종교체험은 예루살렘의 운명을 결정짓는 데 매우 중요한 역할을 한다.

소프로니우스 총대주교는 칼리프 오마르가 성전 경내에 예배 처소를 짓거나 이를 유대인에게 돌려줄지도 모른다고 생각했다. 그래서 여러 구실을 대며 다른 곳으로 그의 눈을 돌리게 했다. 그러나 오마르는 끝내 성전 경내에 자리를 잡았다. 하지만 그곳은 기독교인들이 버린 오물과 쓰레기로 숨이 막힐 정도였다. 오마르와 그의 수행원들은 무릎을 꿇고 포복하여 관문을 지나 예언자가 환상을 본 바로 그 지점까지 갔다. 그는 그곳을 정화하고 거기서 메카를 향해 기도했다. 이렇게 하여 유대인의 성전이 섰던 바로 그곳에 이슬람의 모스크 쿠바트 아스-사크라(Qubbat as-Sakhra, 바위 사원)―일명 오마르 사원이라 불리지만 이 사원은 그가 지은 것이 아니라 691년 칼리프 압둘 말리크가 완성했다―가 들어서게 되었다. 소프로니우스는 이것이야말로 다니엘 예언자가 말한 황폐한 곳에 세워진 흉측한 파괴자의 우상(「다니엘」 11 : 31)이라며 크게 떨었다. 그는 이듬해에 죽었다.

메카 - 메디나 - 예루살렘

예루살렘은 점차 기독교와 이슬람이라는 두 개의 양상을 띠게 되었다. 유대인의 도시로서의 예루살렘은 축에 끼지도 못했다. 유대인들은 자신들의 구역을 갖게 되고 통곡의 벽에서 비가(悲歌)를 불렀다. 살라딘시대 이슬람은 종종 그들을 자비심을 갖고 대했으나, 그들은 더 이상 어떤 성전도 갖지 못했다. 예루살렘에서 기독교인의 생활은 이전처럼 계속되었으나, 규모는 점차 축소시켜나갔다. 무슬림은 이 도시에 다른 이름들을 붙였는데, 어떤 이는 일리야(수도의 퇴락)라는 이름으로, 어떤 시에서는 알 발라트(장소)로, 보다 많은 이들은 베이트 알 마크디스(거룩한 집) 혹은 알 쿠드스(신성)로 각각 불렀다.

행정적으로 예루살렘의 지위는 하위에 속해 있었다. 로마시대 예루살렘이 수도 가이사랴보다 하위에 놓였듯이, 이슬람 세력들 역시 팔레스타인 전체를 통제하기 위해 지중해 해안 평야에 순수한 무슬림 도시 람레(Ramleh)를 건설했다. 물론 예루살렘은 여전히 영적으로는 높은 명성을 유지했다. 아부 후레이라(Abu Hureira)는 무함마드의 다음과 같은 말을 인용했다. "알라는 모든 도시 중에서 네 개의 도시를 특별하게 간주했는데, 메카는 도시 중의 도시요, 메디나는 종려나무 같으며, 예루살렘은 올리브나무에 비유되고, 다마스쿠스는 무화과나무와 같다." 또, 10세기 예루살렘의 시민이었던 알 무카다시(Al Muqaddasi)는 다음과 같이 말했다. "참으로 메카와 메디나는 카바(Kaba, 메카에 있는 신전)와 예언자 때문에 우월하나 심판의 날에 두 도시는 예루살렘으로 올 것이다. 세 도시가 완전하게 연합하여 극치를 이루게 될 것이다."

메카와 메디나와 예루살렘 세 도시의 비교는 이슬람 전승

편찬자들 사이의 단골 주제여서 어떤 이는 기도 장소의 가치로 '예루살렘이 열, 메디나가 스물, 메카가 서른'이라는 주장을 폈다. 아나스 이븐-말리크(Anas ibn-Malik) 같은 이는 세 도시가 동등한 지위에 있다고 설명하기도 했다. 사실 엘리야와 성 조지는 매년 라마단 때 도시를 순례했으며, 예루살렘이야말로 부활을 기다리기에 가장 좋은 곳으로 손꼽았다.

이슬람의 상징 : 바위 돔과 엘 악사 사원

예루살렘 순례는 지칠 줄 몰랐다. 동서사방으로부터 많은 순례자들이 이곳을 방문했다. 그렇지만 물은 턱없이 부족하고, 목욕탕은 더럽기 짝이 없는데다 터무니없이 비쌌다. 여관비역시 바가지였다. 성문의 경비와 행정관의 행정은 엉망이었고, 그저 뇌물만 좋아했다. 학교마저도 진창이었다. 그러나 모든 순례자의 도시가 그랬다.

초기 오마르 때에는 이교도인 무슬림들과의 접촉이 그렇게 성가신 일은 아니었다. 그러나 오마르의 후계자들은 점차 이슬람의 성지와 기독교의 성지를 명확하게 구별해서 상호 출입을 금했다. 또한 순례자의 일정도 겹치지 않도록 조정했다. 무슬림들은 특히 성전 산 지역(후에 하람으로 불리게 된다)을 선호했다. 이들은 바위 사원과 엘 악사 사원과 여러 신성한 곳을 찾아 방문했으며, 나중에는 올리브 산과 샘 등이 추가되었다.

오마르에게 '바위'를 찾도록 한 개종한 유대인의 전설은 중요한 의미를 갖는다. 하지만 유대인 전승에 따르면 이 바위는

하람의 바위 돔.

아브라함이 이삭을 바치던 곳이었다. 600년의 시간이 경과한 후 이슬람이 유대 전통을 소생시킨 격이 되었던 것이다. 유대인과 마찬가지로 무슬림에게도 '거룩한 곳'에 대한 독특한 개념이 자리했다. 다섯 번째 움마야드 칼리프 압바드 알-말리크(Abd al-Malik, 685~705)가 688년에 착공하여 691년에 완성한 팔각형의 바위 돔(Dome of Rock, Qubbet es-Sakhra)은 수학적·기하학적으로 완벽한 균형을 이루고 있다. 풍부한 인간의 감정을 불어넣은 하나하나의 기둥과 부조의 정교함은 이슬람이 예루살렘에 남긴 걸작품이 아닐 수 없다.

그때까지 남아 있던 기독교의 거대한 교회들은 위압적으로 예루살렘을 지배하고 있었다. 칼리프는 이곳에 거대한 모스크를 건설함으로써 기독교에 비해 상대적으로 약소했던 이슬람의 지위를 드높이고자 했다. 그뿐 아니라 유대인과 기독교인들에게 있어서 매우 상징적인 이곳에 화려한 이슬람 모스크를

엘 악사 모스크.

세움으로써 무슬림들이야말로 완전한 아브라함의 상속자임을 과시하고 싶었을 것이다. 당시 알-말리크는 메카를 다스리고 있던 이븐 알-주바이르(Ibn al-Zubayr)의 심각한 도전에 직면해 있었다. 그렇기 때문에 메카로 달려가는 무슬림 순례자들을 예루살렘으로 향하도록 하는 일은 그에게 매우 중요했다.

하람 에쉬-샤리프(Haram esh-Sharif, 성전 산) — 이슬람시대의 하람은 대체로 헤롯 대왕시대에 건설한 성전 산과 일치했다 — 의 또 하나의 걸작품은 엘 악사 사원(El-Aksa Mosque)이다. 이 이름이 하람 지역에 처음으로 적용된 것은 예루살렘이 '가장 중요한 성소(masjid el-aksa)'로 받아들여진 10세기경부터였다. 이곳은 무함마드의 유명한 '밤의 여행'과 관련된 곳이다. 첫 번째 사원은 알-말리크의 아들 칼리프 알-왈리드(al-Walid, 709~715)가 세웠다. 가로 82m 세로 55m의 거대한 사원이었다. 이 사원은 746년과 780년 두 번에 걸친 지진으로 파괴되

69

었다가 780년 압바시드 왕조의 칼리프 알-마흐디(al-Mahdi)가 15개의 측랑(側廊)과 280개의 주랑(柱廊)을 가진 사원으로 재건했다. 1033년 또다시 지진으로 일부 파손된 후 파티미드 왕조의 칼리프 아즈-자히르(az-Zahir)가 재건할 때는 일곱 개의 측랑만 남았다. 903년 이븐 알-파키(Ibn al-Faquh)는 사원의 웅장함에 대해 이렇게 썼다.

예루살렘의 숭고한 전의 길이는 1,500피트요, 너비는 1,050피트다. 4,000개의 나무 대들보와 700개의 (돌)기둥, 500개의 황동사슬이 있다. 매일 밤 1,600개의 램프가 비췄으며, 140명의 노예들이 지켰다. 매달 사용하는 올리브기름이 100키스트(약 150쿼트)요, 연간 400,000야드의 돗자리와 25,000개의 물 항아리가 공급되었다. 공중예배를 위해 대형상자 16개 분량의 꾸란이 비치(備置)되었고, 필사본은 모든 남자들의 감탄을 자아냈다.

동시대의 순례자들은 바위 돔 동쪽 부근에 기품 있게 서 있는 사슬의 돔(Dome of Chain)의 쿠바트(Kubbat)에 모두 탄복했다. 20개의 대리석 기둥이 지탱하고 있는 이 돔은 바위 돔을 짓기 위한 모델이었다는 주장이 있다. 그러나 두 건축물 사이에 어떤 특별한 관계를 찾기란 어렵다. 15세기 전승에 따르면 압바드 알-말리크가 하람(성전 산)과 모스크의 보물들을 보관하기 위해 지은 집으로 알려져 있다. 이 역시 증명하기는 어렵다. 전설에 따르면 다윗 왕이 천사장 가브리엘로부터 은사슬을 받았으며, 판결을 내릴 때마다 결곤 했다고 전해진다. 또 다른 전승에 의하면 옳고 그름을 판별하기 위하여 다윗의 아들 솔로몬이 하늘과 땅 사이에 사슬을 걸어놓았다고도 한다. 그가 바른 판결을 내릴 때는 (손을 뻗치면) 닿았으나 부당한 판결의 경우에는 그렇지 않았다. 또 다른 이론에 의하면 사슬의 돔은 하람의 배꼽(omphalos)이자 지구의 배꼽이라 했다.

오마르의 관용과 기독교인의 수치

오마르의 아량이 넘치는 관용 정책은 다마스쿠스와 예루살렘의 통치자 무아비야(Muawiya, 661~750)로 이어져 초기 아랍 왕조시대 내내 대체로 유지되었다. 다마스쿠스가 수도였으나 예루살렘 역시 어떻든 정치적으로 필요했다. 당시 무슬림은 어디까지나 기독교 공동체에 비해 소수자였으며, 행정에 있어서 기독교 행정 관료의 도움이 필요했다. 따라서 기독교와 불필요한 충돌이나 사고를 피하고 싶어한 것은 당연했다.

그러나 이슬람의 세력이 커져가고 개종자가 증가하면서, 기독교를 탄압하기 시작하였고, 점차 기독교 예배에 참석하는 자를 사형에 처하기 시작했다. 이제 기독교 공동체는 배교의 위험에 직면하게 된다. 정부는 수도원을 약탈하고 방화하는 베두인 무리를 진압하는 데 실패하고, 급기야 796년 마르 사바 수도원이 불타고 말았다.

그럼에도 불구하고 예루살렘의 아름다움은 잘 유지되었다.

680년경 예루살렘과 성지를 방문했던 유럽의 한 기독교 순례자 아르컬프(Arculf)는 당시의 예루살렘을 이렇게 그리고 있다.

도시(예루살렘)를 둘러싸고 있는 거대한 성벽에는 아르컬프가 세어보니 84개의 탑과 여섯 개의 성문이 질서정연하게 놓여 있었다. 첫째는 시온 산 서쪽의 다윗 문(Gate of David)이요, 둘째는 풀러의 들판(Fuller's Field) 문이요, 셋째는 성 스데반 문(Gate of Saint Stephen)이요, 넷째는 베냐민의 문(Gate of Benjamin)이요, 다섯째는 여호사밧 골짜기의 비탈길에 세워진 '작은 문(Little Gate)'이요, 여섯째는 드고아의 문(Gate of Tekoa)이다(*Arculf I*, 1).

이 이름이 오늘날 우리가 부르는 것과 분명히 일치하지는 않지만, 대체로 다윗 문은 오늘날 서쪽의 욥바 문(Jaffa Gate)을, 스데반 문은 스데반이 순교하고 유도시아가 교회를 지은 북쪽의 다마스쿠스 문(Damascus Gate)을, 베냐민 문은 오늘날 스데반 문으로 잘못 부르고 있는 하람의 북쪽 끝부분에 있는 동쪽 문을 가리킴이 분명하다. 문제의 풀러의 들판 문은 남쪽 실로암 연못 근처에 세워졌을 가능성이 크다. '작은 문'은 오늘날 황금 문이 있는 동편으로, 올리브 산으로부터 직접 하람으로 올라오는 유일한 문이다. 마지막으로 드고아의 문은 성벽 남쪽 끝자락, 즉 오늘날 시온 문 근처의 어떤 곳에 위치했을 가능성을 유추할 수 있을 뿐이다.

압바시드와 파티미드시대(750~1099)

칼리프 자리를 놓고 자브 강가에서 벌인 750년의 격전에서 움마야드(무함마드의 사위 무아비야의 후손)가 패퇴하고, 압바시드(Abbassids, 무함마드의 삼촌 압바스의 후손)가 새로운 왕조를 이끌었다. 아라비아제국의 중심이 동쪽으로 옮겨지면서 바그다드가 다마스쿠스의 뒤를 이어 새로운 수도가 되었다. 압바시드 왕조는『아라비안 나이트 *Arabian Nights*』의 주인공들답게 이슬람 문명을 절정으로 끌어올렸다. 8~9세기 도상(圖像) 논쟁으로 분열된 비잔티움은 더 이상 이슬람의 위협이 되지 못했다. 이러한 정치상황은 예루살렘의 역사에도 새로운 전기를 마련해주었다.

압바시드 왕조의 첫 칼리프 알-만수르(al-Masur, 754~775)와 알-마흐디(al-Mahdi, 775~785)가 성지를 방문했다. 종교적 신앙심 때문이라기보다는 정치적인 목적이 앞선 여행이었다. 이후 칼리프는 더 이상 순례자로서 예루살렘에 그 모습을 드러내지 않았다. 물론 메카를 방문하는 것은 견실하게 계속되었다.

그즈음 400여 년 이상 갈라지고 찢긴 서방에도 새로운 세력이 일어났다. 교황 스테반 2세는 프랑크의 추장 페핀(Pepin, 751~768)에게 가서 자신을 성직에 임명해준 롬바르드(Bombard) 왕국으로부터 자기를 구해달라고 청했다. 751년 페핀은 롬바르드 왕조의 실드리크 3세를 폐위시켰다. 768년에는 샤를마뉴로 알려진 페핀의 아들 샤를이 프랑크의 새 추장이 되었다. 800년 크리스마스에 샤를마뉴 대제(742~814)는 교황 권과 프랑크 왕국을 결합한 새로운 교황국가를 세움으로써 서로마제국을 세우게 된다. 이어 그는 동방의 여러 세력과 동맹을 맺고, 권력 유지에 실패한 여러 세력을 지원했다. 그리고 샤를마뉴는 그의 왕국을 최대한 봉건제도화했다.

서로마제국과 외교관계를 맺고

바그다드의 칼리프는 자신과 코르도바의 칼리프 사이의 투쟁에 전혀 반대하지 않았다. 이때 동방 기독교인들이 그를 돕겠다고 자청했다. 그리고 조정에 필요한 적당한 이유를 찾아주었다. 그 후 즉시 샤를마뉴 대제가 페핀의 정치적인 정책을 소생시켜 칼리프 알-만수르와 대사관을 교환했다. 797년 알-만수르의 뒤를 이어 칼리프가 된 하룬 알-라시드(Harun al-Rachid, 786~809)의 왕실에 두 명의 신하를 파견하였고, 예루살렘의 대교구로부터 유골을 보내오라는 임무를 부여했다. 유골을 받은 샤를마뉴 대제는 선물의 대가로 사제 스가랴를 성도 예루살렘에 보내 보시(布施)했다.

샤를마뉴 대제가 예루살렘을 방문했다는 사실은 역사적인 근거를 전혀 가지고 있지 않음에도 불구하고, 200년이 지난 뒤 순례자 베네딕트는 이런 글을 남겼다.

샤를이 가장 거룩한 우리 주님이요 구원자이신 예수 그

리스도의 무덤이자 부활한 장소에 도착했다. 그는 금과 은으로 거룩한 곳을 장식하고 커다란 금촛대를 헌납했다. 특히 그는 자신이 원하는 바를 허락해준 아룬(하룬) 왕을 위해 (베들레헴에 있는) 주님의 구유와 그의 무덤을 장식했다. 그 또한 샤를에게 동방의 각종 보물과 의복과 향료를 선물했다.……그렇게 샤를은 왕과 작별하고 고국으로 돌아갔다 (Benedict, *Chronicle*, 23).

800년 11월 30일, 서로마제국의 황제 대관식 한 달 전에 스가랴는 두 명의 수사를 동반하고 귀국했다. 그는 대주교 그레고리를 대신하여 왕에게 은총의 표시로 주님의 무덤과 갈보리의 열쇠를 바쳤다. 이러한 충성스런 행동이 샤를마뉴 대제로 하여금 바그다드에 있는 권력을 전적으로 승인하도록 한 것이었다. 807년 칼리프가 보낸 대사가 엑스 라 샤펠(Aix-la-Chapell)에 도착했다. 이처럼 샤를마뉴의 행동은 정치적 혹은 종교적 동기에 의한 것으로서, 그에게 둘은 곧 하나였다. 그의 최종 목표는 예루살렘에 라틴의 토대를 놓는 것이었다.

이슬람시대의 라틴 교회들

샤를마뉴의 외교적 조정은 예루살렘에 여러 라틴 교회를 세우고 그곳에서 사제들과 수사들이 봉사할 수 있도록 허가하였다. 올리브 산의 대성당과 아겔다마에 세워진 교회는 바로 이때 세워진 것이었다. 또, 성묘 교회의 남쪽에 '라틴' 울타리를 세우고 지진으로 파괴되어 있던 성 마리아 교회, 도서관, 시장을 성 내로 끌어들였다. 로마의 하드리안 황제 이래 상업의 중심지였던 그곳은 이제 교회에 고정 수입을 올리게 해주었다. 810년 푸짐한 선물이 총대주교 토마스에게 주어졌다. 그는 아나스타시스 교회의 돔을 수리하도록 허가했으며, "샤를마뉴 대제는 여러 개의 수도원을 짓도록 팔레스타인에 큰 돈을 보냈다."

보호령의 가장 중요한 결정은 정기적으로 재정을 전달하는 일이었다. 기독교인들을 위해 건물을 정기적으로 수리·보수하고, 문제가 발생할 때 안전을 보호하는 일이 무엇보다도 중요했다. 무슬림 왕국에게 바쳐야 할 돈도 적지 않았다. 841년 떠돌이 아랍 무리가 약탈을 목적으로 예루살렘에 올라왔을 때에는 이들로부터 보호받는 유일한 방법을 대비하고 있었다. 시리아 사람 미카엘의 기록에 따르면, 산적 두목 아부 하르브(Abu Harb)가 모스크와 교회를 부수고, 부활 교회 및 여러 교회들을 약탈한 후 방화했다. 그러자 총대주교는 그에게 많은 금을 주고 돌려보냈다. 869년 총대주교 테오도시우스는 "사라센들은 보다 선한 의지를 우리에게 보였다. 그들은 우리에게 교회를 짓도록 허가했으며, 주권 침해 없이 우리의 관습을 유지하도록 허락했다"며 평화롭던 시절을 그리워했다.

9세기 중엽 카롤링거 왕조(751~987)의 사람들이 연대를 깨뜨리고, 봉건 세계를 무정부 상태로 이끌었다. 예루살렘은 고립되고, 935년 알 오마리에(al-Omariyeh) 모스크가 성묘 교회

안마당에 세워졌다. 967년 무슬림과 유대인이 아나스타시스 교회에 불을 지르고 총대주교 요한을 화형에 처했다. 얼마 후 비잔티움이 예루살렘을 돕기를 희망했다. 비잔틴은 867년 이래 대 마케도니아 왕조 하에서 급속도로 힘을 회복하기 시작했는데, 북쪽으로부터는 불가리아의 위협을 제거했다. 920년 소아시아의 재점령이 마무리되자 이제 비잔티움은 어떤 위협도 받지 않게 되었다.

파티미드 왕조와 벌인 '거룩한 전쟁'

969년 칼리프를 거부하는 새 무슬림 세력이 이집트를 정복하고 파티미드 왕조(Fatimid, 969~1171)를 세웠으며, 이듬해 팔레스타인과 시리아를 치러 올라왔다. 힘으로는 압바시드 칼리프를 물리칠 수 없었다. 하지만 압바시드 왕조의 무너진 행정과 엉성한 질서는 쉽게 예루살렘을 손에 쥘 수 있도록 해주었다. 비록 예루살렘이 무슬림의 도시였다 하더라도 압바시드 통치 기간에 기독교는 자치공국의 지위를 누렸다. 그러나 권력이 파티미드 왕조에게로 돌아가자 상황은 달라졌다.

이때 비잔틴 왕국의 반격이 시작되었다. 969년 니케포루스 포카스(Nicephorus Phocas)가 안디옥을 탈환하고, 975년 요한 지미스케스(John Zimisces)가 이슬람 군대와 맞서 시리아의 다마스쿠스와 베이루트를 점령했다. "기독교인의 칼이 큰 낫처럼 적을 베어냈다." 급기야 비잔틴 군대가 나사렛에 들어왔고, 가이사라를 포위했다. "무슬림의 굴종으로부터 우리 하나님 그리스도의 거룩한 무덤을 구원하기 위해" 예루살렘이 보이는 곳까지 이르렀던 것이다. 그러나 976년 1월 10일 거대한 출정을 앞두고 황제가 갑자기 서거하는 사건이 발생했다.

무슬림은 갑작스러운 비잔틴의 반격으로 충격에 빠졌다. 카이로의 칼리프는 예루살렘의 성벽을 축소하기로 결정했다. 그때까지 오펠(Ophel)과 실로암이 대대로 성벽 안에 놓여 있었으나 성이 자꾸만 축소되면서, 985년 다윗 이래 최초의 예루살렘인 남쪽이 배제되고 성벽이 구축되어 오늘에 이르게 되었다. 그럼에도 불구하고 10세기의 "예루살렘은 메카보다는 작았지만 메디나보다는 컸다."

교회는 파괴되고

파타미드 왕조가 지배하는 예루살렘에서는 이집트의 수니(Sunni) 무슬림과 페르시아의 시아(Shi'ite) 무슬림 사이의 갈등이 고조되었다. 유대교 내에서는 라반파(Rabbanite)와 카라이트(Karaite) 사이의 오래된 적대감이 되살아났다. 알 하킴 비-아마르 일라(Al Hakim bi-Amr Illah, 996~1021)가 칼리프가 되면서 이전의 통치자로부터 누리던 기독교인과 유대인들의 종교적 자유는 더 이상 없었다. 훗날 그의 이름이 속담이 될 정도로 그의 악명은 높았다. 1008년 칼리프는 종려주일의 행진을 금하였고, 1009년 성묘 교회의 파괴를 명령했다. 무슬림들은 아예 이 교회를 '똥더미 교회(Kanisat al-Qumama)'라 불렀다.

그리스도의 무덤은 사라지고, 이제 바위의 기초 외에는 아무엇도 남지 않게 되었다. 1032년 콘스탄틴 IX 모노마쿠스 (Constantine Monomachus) 황제의 취임 이후 건축물은 합의에 따라 비잔틴의 지원으로 복구되었다. 아나스타시스 교회는 재건되었고 모자이크로 장식되었다. 그러나 1034년 지진은 그 마지막 흔적마저 빼앗아갔다. 1048년 갈보리 자리에 작은 빌딩이 들어섰으나 거대한 바실리카, 즉 순교자 기념 성당은 복구되지 못했다.

기독교도의 순례는 카롤링거시대 이래 많은 변화를 겪었다. 여기에는 많은 위험이 따랐다. 혹시 있을지도 모를 해적의 습격을 무릅쓰고 바다를 건너기도 하고, 게르만, 헝가리, 비잔틴제국, 이탈리아, 그리스를 통과해야 하는 길고 험난한 육로로 여행하기도 했다. 평신도와 주요 인사의 수가 증가하였으며, 순례자들은 경건한 신앙심에 영감을 받아 죄를 회개했다. 어떤 이는 예루살렘에 올라와 수도원에 불을 지름으로써 자신의 죄를 용서받고자 했다. 또 어떤 이는 신으로부터 죄를 용서받고자 아내와 이혼했다. 대부분이 이방인 출신인 서구인들의 이런 신앙은 매우 강해서 성지순례를 네 번씩이나 한 앙주(Anjou) 왕가의 흑인 풀케(Fulke)는 자주 그런 종류의 폭력을 행사했다. 노르망디 공국의 로버트는 귀국길에 사망하기도 했다.

셀주크 투르크(1071~1098)

그럼에도 불구하고 1050년대는 평화롭게 지탱되었다. 새로운 위협이 시작된 것은 전사 백성 셀주크 투르크(Seljuq Turks)

가 동방에서 이슬람의 새로운 정치적 지도력을 확보하면서부터였다. 약화된 압바시드와 이단으로 간주된 파티미드는 더 이상 존속할 수 없었다. 아랍세력은 급속도로 셀주크 투르크의 토그릴베그(Toghrilbeg), 알프 아르슬란(Alp Arslan, 1063~1072), 말리크샤아(Malikshah)의 수중에 떨어졌다. 1071년 비잔틴 황제 로마누스 디오게네스 휘하의 비잔틴 군대가 만지키에르트(Mantzikiert)에서 터키군에게 대패를 당하고, 1078년 무슬림은 니케아에 다시 진을 쳤다.

1077년 예루살렘은 투르크의 손에 떨어졌다. 다시는 움마야드의 자유로운 지배 같은 시절은 오지 않았다. 권력은 차갑고 잔인한 통치자의 손에 넘어가고, 고향으로 돌아간 순례자들의 발걸음은 뚝 끊어졌다. 비잔틴 황제는 서쪽의 지원을 호소했다. 서쪽의 라틴 공동체는 더 이상 10세기의 무질서한 봉건시대가 아니었으며, 교황권은 40년 동안 개혁되어갔다. 교황 그레고리 7세(1073~1085)의 통치 하에서 당대의 왕에 대한 도덕적 권위는 통치가 가능할 만큼 충분한 힘을 발휘했다. 그러나 스페인과 게르만과의 전쟁이 계속되었기 때문에 즉각적인 지원을 하지는 못했다. 그러나 우르반 2세(1088~1099)가 교황이 되자 1095년 11월 27일 클레르몽 공의회(Council of Clermont)를 소집하고 기독교 세계에 성지 회복을 위한 원대한 계획을 발표했다. 십자군이 소집된 것이다. 1099년 십자군은 이슬람에게는 결코 잊혀지지 않을 포학한 학살을 자행하고 예루살렘을 정복했다. 도시에는 시체와 피가 가득했다.

아유비드(Ayyubid)와 맘룩(Mamluk)시대(1187~1516)

십자군이 라틴 왕국을 세우고 예루살렘을 통치하던 시절, 1187년 이슬람의 이름으로 예루살렘을 수중에 떨어뜨린 자는 아유비드의 통치자 살라딘이었다. 그는 제3차 십자군의 사자왕 리차드를 물리치고, 바위 사원 꼭대기에 달려 있던 황금 십자가를 끌어내렸다. 엘 악사 모스크 남쪽에 기도소(mihrab)를 설치하고, 다마스쿠스에서 가져온 상아와 자개로 아로새긴 아름다운 흑단의 설교단(minbar)을 메카를 향해 안치했다.

1250년 예루살렘의 군주가 또다시 바뀌었다. 거룩한 도시 예루살렘이 기독교인의 손으로 되돌아간 것도 아니었고 그렇다고 시아파 이슬람의 지배 하에 빠진 것도 아니었다. 자신들을 아유비드의 종이자 노예라고 부르는 이들이 장악한 것이다. 아유비드는 투르크를 신병(新兵)으로 삼고 전투에 나갔다. 그들은 군인-노예, 즉 맘룩(mamluks)이라 불렸다. 문자적으로는 '소유물'이라는 뜻이다. 맘룩은 탁월한 일류 전사들이었으며 '당대의 군사귀족'이었다. 맘룩은 군인계급을 탄생시키고 이를 육성시켰다. 하지만 이슬람사회를 군사화하거나 무슬림을 청교도로 만들지는 않았다. 그들은 군인으로서 행동했고, 무슬림처럼 생각했다. 어떤 이념을 갖고 있지는 않았지만 무슬림처럼 행동했다.

살라딘의 후계자들과 아유브(Ayyub)의 아들들은 이집트와 시리아 그리고 메소포타미아를 다스렸다. 정치적 재능이 별로 없던 그들은 서로 경쟁관계에 빠졌다. 그나마 그들을 지탱시킨 것은 분열된 십자군과 용병들이었다. 그러나 1250년 아유비드의 왕자 투란-샤흐(Turan-Shah)가 나일 델타 동쪽 만수라에서 엘리트 출신의 바흐리아(Bahriyya) 대대의 토후에게 암살당하면서 상황은 크게 변했다. 뒤를 이을 만한 영향력 있는 법적 후계자가 없는 상황에서 일어난 왕자의 살해는 쿠데타를 위한 길을 열어놓은 셈이었다. 유능하고 야망이 넘치는 맘룩의 혁명이 새로운 시대를 열어나갔다.

이집트의 술탄은 계속되는 몽골의 침략으로 약화된 시리아의 군사력과 정치적 무정부 상태로부터 이득을 챙겼다. 전문화된 군대를 가지고 있던 이집트의 맘룩은 살라딘을 낳지는 않았으나 그들의 성취는 그 이상이었다. 1258년, 500년 동안이나 칼리프가 왕권을 유지하던 바그다드가 몽골에 의해 점령된 것은 이슬람의 역사에서 가장 뼈아픈 일이었다. 카이로의 방어선은 시리아 북쪽이었다. 마침내 맘룩은 1260년 갈릴리 아윤 잘루트(Ayn Jalut) 전투에서 무적의 몽골에 맞서 승리를 이끌어냈다. 그리고 1291년 악고를 점령하고 성지에서 십자군을 완전히 몰아냈다.

이제 이집트의 맘룩 술탄은, 약 200년간 성지에 머물던 프랑크의 십자군을 완진히 물리지고 예루살렘의 새 주인이 되어 약 250년 이상을 다스리게 된다. 술탄의 집은 카이로에 있었고 행정 및 종교의 수도 역시 카이로였다. 예루살렘의 정치적 지위는 일곱 개 분구(分區)의 수도 — 다마스쿠스, 알레포, 하마

(Hama), 트리폴리, 사파드(Safad), 가자(Gaza), 케락(Kerak) ─ 에
도 들지 못할 만큼 작은 구역 중의 하나에 불과했다. 다마스쿠
스의 행정관이 예루살렘을 다스렸다. 군사 엘리트가 다스린
맘룩 정부는 여러 계급의 행정 관료들이 각각의 지위에 따라
통치했는데, 예루살렘에는 하급 장교가 근무했다. 거룩한 도
시의 경제 사정도 좋을 리 없었다. 무너진 성벽을 재건하지도
않은 채 예루살렘은 성벽 없는 도시가 되었다.

그러나 예루살렘의 정치적·경제적 지위와는 달리 종교적
중요성은 여전했다. 맘룩시대에도 기독교인과 유대인 순례자
들이 여전히 줄을 이었다. 그리고 순례의 어려움은 갈수록 커
졌다. 1488년에 예루살렘에 순례를 온 랍비 오바디아(Obadiah
of Bartenura)는 다음과 같이 기록하고 있다. "예루살렘은 거의
황폐해 있고, 방어할 만한 성벽을 가지고 있지 못했다. 4,000
명도 못 되는 주민이 자기 집에서 살았으며, 유대인 가족은 오
직 70명뿐이었으나 그나마 비참하게 가난했다."

이슬람의 도시로서 예루살렘에는 건축물이 새로 들어섰다.
술탄 바이바르스(Baybars, 1260~1277)는 바위 돔의 팔각 벽면
에 모자이크를 새로 입히고, 사슬의 돔에 기도소를 설치했다.
무함마드 칼라운(Nasir Muhammad b. Qalaun, 1309~1340)은 엘
악사 사원과 바위 돔에 금을 새로 입히고, 하람의 북서쪽에 형
형색색의 멋진 건물을 지었다. 붉은색과 흰색은 맘룩시대 건
축의 대표적인 특색이었는데, 회랑(回廊)으로 둘러싸인 이 건
물은 대학(madrasas)으로 사용했다.

이 시대 예루살렘의 종교적 명성은 무슬림 아카데미, 즉 마드라사라 일컫는 학교가 가져다준 것이나 다름없었다. 30개가 넘는 학교는 대부분 기부금(waqf)으로 운영되었다. 안토니아 성채 구역에 세운 자우리야 대학(Madrasa Jauliyeh)과 성전 산 서쪽에 세운 아르군이야 대학(Madrasa Arghuniyeh)은 당시 가장 대표적인 학교였다. 1329년 다마스쿠스의 통치자 에미르 탄키즈(Emir Tankiz of Damascus)는 지금의 통곡의 벽 윌슨의 아치(Wilson's Arch) 위쪽에 탄키지야 대학(Madrasa Tankiziyeh)을 세웠다. 출입문을 조개껍질로 장식한 이층구조의 건물이었다. 이 건물은 터키시대 중요 관공서로 사용되다가 나중에는 대법원으로 자리잡았다. 십자군이 세운 성 안나 교회가 마드라사로 사용되기도 했다.

맘룩시대 예루살렘의 거리는 슈크(suqs), 즉 시장(市場)으로 넘쳤다. 특히 로마시대의 카르도 주변은 물론 욥바 문에서 하람에 이르는 쭉 뻗은 다윗 거리(David Street)는 더욱 활기가 넘

마드라사.

쳤다. 1336년 탄키즈는 바위 사원 서쪽 편에 무함마드 문(Gate of Muhammed, Bab el-Qattanin, 목화 문)을 세웠다. 이 문은 중세 면화상(棉花商)의 시장(市場)으로 통했다. 성문에 사용된 돌들은 성전 산 지역의 고대 성벽이나 건물에서 가져온 것이었다.

맘룩시대 예루살렘의 무슬림은 여전히 소수 공동체였다. 주로 도시의 남쪽과 하람의 서쪽, 즉 마흐라비(Maghrebi) 구역에 거주했다. 살라딘의 통치 기간에는 스페인과 북아프리카에서 온 무슬림들이 많았다. 북동쪽에는 페르시아의 부크하라(Bukhara)와 사마르칸(Samarkand)으로부터 온 자들이 모여 살았다. 그 가운데 13세기 몽골의 침략과 더불어 따라 들어온 인도인, 아프가니스탄인 등도 섞여 있었다.

십자군의 쇠락 이전까지만 해도 번영하던 독일, 프랑스, 헝가리, 영국 등 여러 유럽국가로부터 들어온 기독교인들은 점차 감소되어갔으며, 이들은 주로 성묘 교회 주변에 모여 살았다. 술탄 바이바르스시대에는 예루살렘을 이슬람의 도시로 만들려는 목적으로 성묘 교회로 들어오는 기독교 사제들을 살해하고 십자가 교회를 파괴하는 등 갈등이 적지 않았다. 1365년 기독교 함대가 알렉산드리아를 공격하자 무슬림은 성묘 교회를 닫아버렸다. 기독교인들은 시온 산의 최후의 만찬(Cenaculum)의 위층 방을 차지하고 있었다. 그런데 유대인들이 아래층의 다윗 왕의 무덤을 구매하고 소유권을 주장하면서 유대-기독교 갈등이 커져갔다. 갈등에 개입한 맘룩 당국은 오히려 전 구역을 모스크로 바꿔버렸다.

맘룩시대의 유대인에 관한 기록은 많지 않지만, 살라딘에 의해 예루살렘이 정복된 이후 유대인의 인구는 조금씩 늘어난 것으로 보인다. 정치적 영향력이 거의 없던 소수의 유대인들은 통치자의 보호 대상일 정도였다. 유대인의 거주지는 주로 윗 도시(Upper City)로서 예루살렘을 향한 자극을 촉진시키기에 더없이 좋은 곳이었다. 1267년 예루살렘으로 이민 온 랍비 모세 벤 나흐만(Rabbi Moses ben Nahman)은 황폐한 도시를 되살리려는 운동을 활발히 전개했다. 그는 십자군이 버리고 간 건물을 재활용해서 예루살렘에 처음으로 중세 회당을 건설하고, 탈무드시대 이래 중요하게 여겨지던 성전 서쪽 성벽, 곧 지금의 통곡의 벽을 유대인에게 매우 중요한 장소로 추가했다.

오토만 터키시대(1517~1917)

예루살렘에 대한 맘룩의 헤게모니는 1517년 오토만 터키의 술탄 셀림(Selim)의 정복으로 막을 내린다. 1453년 동로마제국의 수도 콘스탄티노플을 점령하고 이스탄불을 건설한 오토만 터키가 거룩한 도시의 새 주인이 된 것이다. 한 세기 가까이 예루살렘을 지배한 셀주크 터키는 이 지역의 문화에 새로운 활력을 불어넣지 못했다. 그러나 셀림의 아들 술레이만 1세(Suleiman I the Magnificent, 1520~1566)는 예루살렘의 구도시를 재탄생시켰다.

서방에서조차 '위대한(Magnificent)' 통치자라 불리던 술레이만 1세의 대표적인 작품은 두말할 필요도 없이 예루살렘 성벽인데, 사방의 길이가 총 13,410 피트, 즉 약 4km나 된다. 사방으로 통하는 7개의 성문도 만들었는데, 1539년에 착공해서 1542년에 완공했다. 욥바 문 상단에는 1538~1539년이라는 연대가 포함된 술레이만의 업적을 기리는 아랍어 비문이 지금까지도 뚜렷이 남아 있다. 술레이만은 성체를 보수하고 군대를 주둔시켰다. 샘물을 성 안으로 끌어들이기 위한 수로 또한 건설했다.

술레이만은 자신의 건축 재능을 발휘하여 바위 사원을 아름답게 꾸몄다. 바깥쪽을 옛 모자이크 대신 꾸란의 구절을 새겨 넣은 파랑-흰-초록 색깔의 파양스 도자기 타일로 교체했다. 타일 색깔의 비밀은 아나톨리아에서 온 아르메니안 장인(匠人)이 잘 보존해온 것이었다. 19세기 술탄 마흐무드 2세(Mahmud II, 1808~1839)는 바위 사원의 안쪽 표면을 타일로 다시 도금하고, 바깥쪽을 대리석과 타일로 복원했다.

술레이만의 예루살렘 재건.

오토만의 예루살렘에 대한 관심과 투자는 유럽에 살고 있던 유대인들을 팔레스

바위 사원
외벽 모자이크.

타인으로 끌어들이는 계기가 되었다. 16세기 초부터 새 이민자들의 목적지는 예루살렘이 아니라 갈릴리의 사페드(Safed)였다. 그곳은 중세에 발전한 유대신비주의의 본고장이자 유대인 거주지였다. 종종 예루살렘을 방문한 유대인들의 관심은 건축물에 있지 않았다. 그들 대부분은 유럽사회의 중상주의자 그룹에 속해 있었기 때문이었다. 유럽에서부터 이들이 가져온 새로운 기술과 상업은 오토만의 경제적·정치적 안정을 넘어 아랍 지역에 널리 퍼졌다.

유대인과 기독교인 사이의 갈등으로 같은 건물의 아래–위층에 놓여 있던 다윗 왕의 무덤과 예수의 최후의 만찬소(Cenaculum)가 이슬람에게 빼앗긴 이래, 시온 산에는 보다 많은 무슬림이 거주하기 시작했다. 최후의 만찬소에는 아직까지 기독교인들이 거주하고 있었다. 그러나 예루살렘에서 열린 무슬림의 사법 재판소에서는 이들의 추방을 결정하고, 1523년 3

시온 산 최후의 만찬소.

월 18일 오토만 황제의 칙령은 이를 명령했다. 프란체스코 수
도회는 즉각 베네치아인을 중재자로 파견해 명령을 철회해줄
것을 요청했으나 이 요구는 받아들여지지 않았다. 프랑스의
프란시스 1세(Francis I)의 외교적인 책략 역시 먹혀들지 않았
다. 결국 이듬해 1월 기독교인들은 시온 산에서 추방되고 말
았다. 1524년부터 1559년까지 수도사들은 교회 근처 빵집에
서 거주했다. (1948년 이스라엘의 독립과 더불어 16세기 이래 이
슬람의 보호 하에 있던 이곳을 이스라엘 종교성이 관리하기 시작
하면서, 아직까지 이 장소에 대한 바티칸과 이스라엘 종교성 간의
소유권 논쟁은 계속되고 있다. 현재 프란체스코에게는 일 년에 두
차례―부활절과 오순절―만 이곳에서의 예배가 허락되어 있다.)
　터키의 눈에 예루살렘에 거주하는 프란체스코 수도사들은
법규나 과세에 있어 언제나 협상을 해야 하는 낯선 외국인이
었다. 하지만 유대인의 지위는 달랐다. 그들은 종교적 소수자

였으며 무슬림 법과 세관원에 복종했다. 정치적인 문제를 일으키지 않았기 때문에 무슬림처럼 어느 곳에나 자유롭게 왕래했으며 차별도 거의 없었다. 따라서 17세기 이후 '시온을 향한 길(Ways to Sion)'에는 유대인 이민자나 여행자가 급격히 늘었다. 이러한 열정은 메시아 운동을 촉진하기에 충분했다.

통곡의 벽에서 기도하던 예루살렘의 한 남자가 울며 애원하자 모든 수도자와 성인들이 함께했다. 이 세상은 더 이상 존재하지 않는다. '구원은 시온으로부터 온다' 했다. 이 말은 이 땅에 사는 유대인은 다가올 세상을 위해 헌신해야 한다는 뜻이었다.

유럽인의 눈으로 볼 때, 예루살렘의 근대사는 1535년 터키의 술탄과 프랑스의 프란시스 1세 사이의 협상으로부터 시작된다. 협상의 의제는 유럽에 있는 터키인과 오토만제국에 있는 프랑스인 간의 특별 자유무역을 체결하는 것이었다. 이것은 1569년까지는 결코 비준될 수 없고 체결되지 못한 제안에 불과한 것이었다. 14세기 중엽 예루살렘을 정복하기 이전에 오토만은 제노아, 베니스, 플로렌스와 특별 협정, 즉 소위 '항복문서(capitulations)'라 불리는 조약을 맺은바 있었다. 1740년까지 이 협정은 새로운 술탄이 등극할 때마다 재협정을 맺거나 갱신해야 했다. 그리고 이 일은 프랑스 대사가 주로 맡았다. (예루살렘에 최초의 프랑스 영사관이 설치된 것은 1621년이었다.) 그러나 사실상 협정의 결과는 매우 일방적인 것이어서 오토만제국 내에 프랑스 상인은 넘쳐났지만, 프랑스에서 오토만 상인은 거의 찾아볼 수 없었다. 19세기 들어 영국과 독일 등 유럽국가 대부분이 예루살렘에 영사를 파견했다. 예루살렘에 대한 유럽의 관심이 종교보다는 경제 쪽으로 치우쳐가고 있음을 엿볼 수 있다.

18세기 말 성지순례가 하나의 상업행위로 자리를 잡아가면서 다양한 상품이 선물로 개발되었다. 성묘 교회 주변에는 선물가게가 즐비하게 늘어섰다. 귀국하는 순례자들에게는 나무나 산호로 만든 십자가 조각품 및 교회 모형, 헤브론에서 온 로사리오 묵주 같은 유리제품, 진주나 은금으로 만든 구슬 목걸이와 팔찌, 실크제품, 가죽제품 등이 인기를 누렸다. 테라산타(Terra Santa) 수도회의 경우 기념품 사업으로 벌어들인 연수입이 50,000피에스타나 되었다. 여행에 드는 경비도 만만치 않았다.

1831년 이집트의 통치자 무함마드 알리(Muhammad Ali)가 터키로부터 예루살렘을 일시 빼앗았다. 영국 영사는 새로운 이집트 통치자에게 부드럽게 접근했다. 통곡의 벽 앞을 포장하기를 원하는 유대인들을 활용했다. 당시 유대인들은 매우 영리하여 상업에 발군의 능력을 발휘하고 있었으며, 종종 유럽과 터키 사이의 중재자 노릇도 했다.

일반적으로 말해서 오토만 터키의 예루살렘 거주자들은 도시에 크게 매료되지 못했다. 정치·종교적 지위도 약화되었을

19세기 예루살렘(모형, 1873).

뿐만 아니라, 기독교인과 유대인과 아랍인들의 기본적인 욕구를 충족시켜줄 만한 기반시설도 턱없이 모자랐다. 19세기 초에 기본적인 도로와 상수도가 설치되었으나 여전히 충분하지는 못했다. 늘어나는 기독교 순례자들을 위해 새로운 교회와 호스피스가 들어섰다. 유대 공동체 역시 팽창되었다. 하지만 중산층 아랍인들은 도시 주변 지역에 실속 있는 거주지를 마련하여 비좁고 불결한 구도시를 빠져나가기 시작했다.

통곡의 벽 앞에서

구태여 3,000년의 역사를 지닌 예루살렘을 유대인과 기독
교도와 무슬림의 시대로 각기 나눈다면, 유대인이 지배하던
시대가 약 550년, 기독교도가 다스리던 기간이 약 400년, 무
슬림이 통치하던 기간이 약 1,200년 그리고 그 나머지는 외세
가 다스렸다고 볼 수 있다. 그러나 한 시대의 주인이 누구인들
무슨 상관이 있겠는가? 군림하던 사람들은 간 곳 없고 산천만
여전한데 말이다.

한 사람이 도시를 만들고 성벽을 쌓아 이름을 예루살렘이
라 칭했다. '영원한 평화'가 이 도시에 깃들 것이라 선전했다.
그러나 다른 이가 와서 그 도시를 부수고 다시 쌓았다. 쌓은
자도 부순 자도 모두 그곳에 사는 사람들에게 진정한 '평화의

도시'를 건설하러 왔다고 말했다. 낡은 주인을 버리고 새로운 주인을 맞아들이라고 설득했다. 그러나 그 새 주인은 어느새 낡은 옷을 입고 이들을 지배하려들었다. 평화의 도시는 그럴 때마다 전쟁을 겪었다. 사람들은 신음했다. 그러나 이 도시의 '유일한' 지배자는 없었다.

역사의 때가 덕지덕지 묻어 있는 돌멩이들과 그 돌멩이들로 쌓아 만든 성벽을 본다. 억만년 동안 권력과 부귀영화를 누리고자 성벽을 쌓은 이들은 사라지고, 이제는 퇴락하여 판별조차 할 수 없게 되었다. 돌과 돌의 틈새에는 긴 세월을 뚫고 나온 풀들이 매달려 있다. 이 성벽은 사람들의 수명보다 길고 더없이 깊다.

'통곡의 벽' 앞에 찾아와 고통과 한 많은 삶을 눈물로써 호소하며 기도하는 이들을 보면 한없이 짧고 얇은 인생을 느낀다. 그들의 아버지, 할아버지, 할아버지의 할아버지도 모두 이 성벽을 보며 나고, 자라고 그리고 죽었다. 그들은 이 성벽을 두려워하며 지내다가 이 성벽을 원망하며 눈을 감았을 것이다.

사람들이 이 성벽을 보면서 생각하는 것은 각각 다르다. 어떤 이는 쓰러지지 않으려고 버티던 누군가의 권력을 생각한다. 어떤 이는 그 성벽을 헐어낸 질투심 많은 장군들을 떠올린다. 이 둘은 모두 백성을 수탈한 사람들이다. 곧은 허리가 굽도록 돌을 운반한 서민들의 등뼈처럼 질곡의 세월을 버텨온 성벽. 그래서 이 성벽은 권력을 대표한다. 이것은 사람의 살과 사람의 피 그리고 사람의 눈물로 쌓아올려져 응고된 것이다.

그래서 사람들은 그것을 두려워하고 그것을 피하는지 모른다.

성벽은 무너진 후에도 여전히 남아 그 자리를 지킨다. 후대의 사람들은 무너진 성벽을 다시 수축하여 아름다운 성벽으로 만든다. 그들은 다시는 거기에 추한 성벽이 있었음을 기억하지 않으려 한다. 그러나 그들은 그 성벽이 헐릴 날을 알고 있다. 그래서 사람들은 서둘러 이곳에 온다. 그 성벽이 헐리는 것을 보기 위해서.

복잡한 예루살렘의 뒷모습을 바라보면서 미셀 투르니에의 말이 생각났다. "등은 거짓말을 할 줄 모른다." "뒤쪽이 진실이다!"

프랑스엔 〈크세주〉, 일본엔 〈이와나미 문고〉, 한국에는 〈살림지식총서〉가 있습니다.

📖 전자책 | 🔍 큰글자 | 🔊 오디오북

예루살렘 순례자의 도시

펴낸날	초판 1쇄 2004년 6월 30일
	초판 3쇄 2023년 3월 30일

지은이	**최창모**
펴낸이	**심만수**
펴낸곳	**㈜살림출판사**
출판등록	**1989년 11월 1일 제9-210호**

주소	**경기도 파주시 광인사길 30**
전화	**031-955-1350**　팩스　**031-624-1356**
홈페이지	**http://www.sallimbooks.com**
이메일	**book@sallimbooks.com**

ISBN	978 89-522-0249-9　04080
	978-89-522-0096-9　04080 (세트)